AF214608

Der eigentlichen **Danksagung** am Ende des Buches möchte ich an dieser Stelle schon einmal eine spezielle vorwegnehmen.

Es ist eine Riesengeschichte für mich, dieses Buch nicht nur als ebook, sondern auch als gedruckte Variante im weltweiten Buchhandel veröffentlichen zu können.

Dass der Traum nun ausgerechnet mithilfe eines Verlages aus Hamburg wahrgeworden ist, erfüllt mich mit purer Freude.

Wer mich ein bisschen besser kennt, der weiß, dass ich neben meiner Geburtsstadt Bocholt vor allem zu dieser norddeutschen Metropole eine sehr besondere Beziehung pflege.

Ich habe noch nie eine solche Gelassenheit und Herzlichkeit erlebt wie in dieser Stadt, eine unglaublich friedliche Atmosphäre mit ganz, ganz tollen Menschen. Dazu kommt eine Sportbegeisterung, die seinesgleichen sucht und mich als Sportler bei meinem ersten Wettbewerb in Hamburg vor zwei Jahren komplett von den Socken gehauen hat.

Dementsprechend kann ich dem tredition-Verlag nur extrem herzlich danken, mir diesen Traum erfüllt zu haben.

Ansgar Scholten

Mythos Mathestudium

Was einem kaum jemand erzählt.

www.tredition.de

Umschlag, Illustration:
Marco   Eckers,   Johannes   Nowack,   Lukas
Convent, Adam Peter Sowa

© 2017 Ansgar Scholten
E-Mail: mythos.mathestudium@gmx.de

Verlag: tredition GmbH, Hamburg

ISBN
Paperback   978-3-7439-1019-5
Hardcover   978-3-7439-1020-1
e-Book   978-3-7439-1021-8

Printed in Germany

Bibliografische Information der Deutschen Nationalbibliothek
Die Deutsche Nationalbibliothek verzeichnet diese Publikation in der Deutschen Nationalbibliografie;
detaillierte bibliografische Daten sind im Internet über http://dnb.dnb.de abrufbar.

Copyright-Informationen

Über den Autor:

Name: Ansgar Scholten

Geburtsdatum: 27.03.1994

Geburtsort: Bocholt

Heimatregion: Dingden-Lankern-Loikum-Biemenhorst (Bocholt)

Studiengang:

Bachelor of Arts - Sportwissenschaft und Mathematik an der Ruhr-Universität in Bochum (seit dem WS 2013/2014)

Persönlicher Feiertag:

23.05.2013, bestandener Sporteignungstest an der Deutschen Sporthochschule in Köln

Fußballvereine:

BW Dingden, RW Stiepel (4. Mannschaft)

Lieblingsfußballverein: FC Bayern München

Lieblingsradverein: RC 77 Bocholt

Schwimmverein: Adler Weseke

Triathlonverein:

Bocholter Wassersportverein

Lieblingsessen:

Pizza (bei Manuel in Dingden), Patat met frikandel (original bei den megasympathischen Niederländern) - und ich hoffe irgendwann gehört auch der extrem gesunde Fisch dazu.

Lieblingsstädte: Bocholt, Hamburg, München

Sportliches Ziel:

Einen Wettbewerb in Bocholt gewinnen.

Sportlicher Traum:

Teilnahme an den Ironman-Weltmeisterschaften auf Hawaii mit einem ROSE-Rennrad aus meiner Heimat.

„*Lebensmottos*":

Zu meinen grundlegendsten Überzeugungen zählen definitiv folgende:

1.) Die Ansicht, dass ein Mensch nur mit dem Herzen gut sehen kann. (nach Antoine de Saint-Exupéry (1900-1944))

2.) Die Ansicht, dass ein Mensch alles

schaffen kann - er muss es nur stark genug wollen.

3.) Die Ansicht, dass sich Ehrlichkeit früher oder später immer auszahlen wird.

Foto: sportograf.com

Die Zeit für „schöne Dinge" muss auch als Mathestudent nicht zu kurz kommen.

Vorwort

Falls du auf der Suche nach jemandem warst, der dir sämtliche fachlichen Inhalte des Mathestudiums erklären kann, dann muss ich dich leider enttäuschen. Ich selber habe in diesem Fach nun zwar alle notwendigen Veranstaltungen im Bachelor bestanden, aber ehrlich gesagt viele Inhalte nach wie vor nur ziemlich rudimentär verstanden.

Für jemanden, der das Fach später in der Schule unterrichten möchte, ist es aber auch überhaupt nicht notwendig, komplett alles begriffen zu haben. Ein Mathelehrer muss nach meiner Erfahrung schätzungsweise 90% des an der Uni Gelernten niemals in der Schule unterrichten. Man muss nur wissen, wie man es schafft, es in den Klausuren mindestens auf eine 4,0 zu bringen - und genau dabei möchte ich versuchen, dir zu helfen.

Dieses Buch richtet sich also weniger an Personen, die ihr Mathestudium mit Bestnote bestehen wollen, sondern hauptsächlich an diejenigen, die das Ziel verfolgen, einfach nur irgendwie durchzukommen.

Motivation:

Jedes Jahr brechen in Deutschland Tausende ihr Mathestudium ab. Einige, weil sie sich nicht erkundigt haben, wie ein solches abläuft. „Da sind ja gar keine Zahlen?!" ist ein nicht selten gehörter Satz (es empfiehlt sich natürlich, sich VORHER zu erkundigen...). Andere, weil sie keine geeignete Lerngruppe finden. Viele aber auch schlicht deshalb, weil sie teilweise selbst von langjährigen Studenten meiner Meinung nach keine angemessenen Tipps erhalten. Einiges mag auf Leute zutreffen, die einen richtig guten Abschluss erreichen möchten. Die Erfahrung zeigt allerdings, dass diese Hinweise für jemanden, der einfach nur irgendwie bestehen möchte, leider sehr häufig sehr wenig nützlich sind. Vieles ist auch einfach nur vollkommen unangebracht und schürt sinnlos Nervosität.

Egal, welcher Aspekt denn nun zutrifft, das Resultat ist das gleiche - all diese Studenten fühlen sich gerade im ersten Semester verloren. Mir erging es selbst so und hätte ich nicht eine super Lerngruppe erwischt, wäre ich im Studium niemals so weit gekommen. Im Laufe der Semester habe ich meine eigenen Erfahrungen und Ansichten bezüglich des Mathestudiums entwickelt und möchte diese im Folgenden mit dir teilen. Sehr häufig fühlt man sich in den ersten Wochen einfach vollkommen unorganisiert, da hilft einem ein rein fachliches Buch auch nicht wirklich weiter...

Vorab schon einmal die wichtigste Botschaft:

Absolut JEDER kann es schaffen, einen Bachelor in Mathematik zu erhalten, sonst hätte ich es ja auch nicht so weit gebracht. ;-)

PS: Nur, weil dieses Buch „4,0-mäßig" ausgerichtet ist, bedeutet das natürlich nicht, dass du auf diese Art und Weise, das Mathestudium anzugehen, nicht auch bessere Noten schreiben wirst. Mein Klausur-Notendurchschnitt im Mathe-Bachelor liegt übrigens bei 3,4.

Schreibstil:

Ich halte nicht viel davon, mich zu verstellen - aus diesem Grunde pflege ich in diesem Buch einen sehr offenen, direkten Schreibstil und spreche sehr deutlich aus, was ich denke.

Außerdem bin ich sportbegeistert - und im Sport wird sehr locker gesprochen. Von daher wirst du schnell feststellen bzw. hast es schon bemerkt, dass ich meine Leser duze. Ich persönlich freue mich auch immer, wenn ich geduzt werde und finde, dass dies einfach mehr Wärme, eine geringere Distanz ausstrahlt. Schließlich ist es mein Ziel, genau dir als Freund zu helfen - und wer siezt schon seine Freunde? ;)

Eines noch: Ich denke nicht, dass ich das wirklich erwähnen muss, aber um es an dieser Stelle hochformal klarzustellen:
Aus Gründen der besseren Lesbarkeit wird im Folgenden auf die gleichzeitige Verwendung männlicher und weiblicher Sprachformen verzichtet. Sämtliche Personenbeschreibungen gelten gleichwohl für beiderlei Geschlecht.

Spenden:

Seien wir einmal ganz ehrlich: Wie oft im Jahr zeigen wir uns dafür dankbar, dass es uns wesentlich besser geht als anderen Menschen auf dieser Welt? Viel zu selten, oder?

Aus diesem Grunde werde ich pro verkauftes Werk 25% meines Erlöses an einen guten Zweck spenden - darauf gebe ich dir mein absolutes Ehrenwort!

Weil es sehr viele förderungswürdige Initiativen gibt, die unsere Hochachtung verdienen, werde ich diesen guten Zweck im Halbjahresrhythmus wechseln. Die erste Spende wird der von Jonathan Heimes gegründeten DU MUSST KÄMPFEN!-Stiftung zugutekommen.

Herzlichste Grüße und Viel Spaß beim Lesen,

Ascholten

Inhalt

Kapitel 1:
Wie ist das Mathestudium aufgebaut?

Ich kann in direktem Zusammenhang natürlich nur von meiner eigenen Uni berichten. Allerdings habe ich mit unzähligen Studenten, Professoren oder auch wissenschaftlichen Hilfskräften anderer Universitäten gesprochen und es fällt auf, dass die Grundstruktur offensichtlich immer die gleiche ist.

Die Anfängervorlesungen lauten an eigentlich jeder Uni „Analysis" und „Lineare Algebra". Diese und auch jede weitere Vorlesung werden von sogenannten Übungszetteln begleitet, die wöchentlich und zumeist auf freiwilliger Basis abzugeben sind. Zu einem erfolgreichen Lösen dieser Übungszettel und natürlich einem besseren Verständnis der Vorlesung sollen sogenannte Übungsgruppen beitragen, deren Besuch ebenfalls auf freiwilliger Basis erfolgt, dazu gleich mehr. Außerdem kommen dann zu späteren Zeitpunkten noch einige Seminare hinzu, in denen man einen Vortrag halten und dann mehr oder weniger einfach nur zusehen muss, innerhalb der zulässigen Fehltermine zu bleiben.

Gekrönt wird das Studium natürlich mit der Bachelorarbeit. Wer sich davor drücken möchte (so wie ich), nimmt ein zweites Fach hinzu.

Nun möchte ich aber direkt mit einigen Hinweisen starten, die viele Studenten zu Beginn ihres Studiums gesagt bekommen und meiner Ansicht nach so nicht stimmen - deshalb nenne ich sie auch Mythen.

Kapitel 2:
Oft genannte Mythen

<u>Mythos 1:</u> „Wenn du nicht jede Woche zur Übungsgruppe gehst, hast du als Normalsterblicher keine Chance im Mathestudium."

Ich habe mich in den dreieinhalb Jahren meiner bisherigen Studienzeit so gut wie nie in einer Übungsgruppe blicken lassen und die Wörter „[...] so gut wie [...]" kommen auch nur dadurch zustande, dass ich mir zu Beginn des Studiums nicht eingestehen wollte, wie wenig mir diese Gruppen bringen. Ich bin also hingegangen, um mein Gewissen zu beruhigen. Als Erstsemester meint man, man müsse 40 Stunden die Woche mit Mathe beschäftigt sein und darf um Himmels Willen bloß keine Übung verpassen, sonst ist der Zug abgefahren. Das ist absoluter Blödsinn, weil man aber überall nur hört, dass Mathestudium sei so schwierig und zeitintensiv, lässt man sich als unerfahrener Studienanfänger davon anstecken und bekommt direkt ein schlechtes Gewissen, falls man mal etwas nicht Mathematisches macht, beispielsweise also auch nicht zu einer Übung geht.

Das Problem an vielen Übungsgruppen besteht für mich darin, dass diese auf einem viel zu hohen Niveau stattfinden. Der Ablauf sieht nach meiner Erfahrung in etwa wie folgt aus: Eines der Genies stellt eine Frage und geschätzt 95% der Personen, die sich im Raum befinden, verstehen nicht mal ansatzweise, was derjenige da gerade gesagt hat. Dann geht der Übungsgruppenleiter auf eben jene Frage ein und die Übungsgruppe wird fast zu einem „Einzelunterricht". Da sich jedoch die allermeisten nicht trauen, einfach zu sagen, dass sie kein Wort verstanden haben, obwohl es fast allen anderen genauso ergeht, wird die Übungsgruppe auf diesem für also fast alle viel zu hohen Niveau fortgesetzt.

Dazu kommt, dass nicht wenige Übungsgruppenleiter sich in meinen Augen schlicht nicht in ausreichendem Maße in einen 4,0er-Kandidaten hineinversetzen können. Vielleicht liegt dieses Phänomen darin begründet, dass man hervorragende Noten vorweisen muss, um eine Übungsgruppe übernehmen zu dürfen. Für diese Personen ist es dementsprechend manchmal gar nicht so einfach, nachzuvollziehen, was denn an der ein oder anderen Sache jetzt bitteschön so schwierig sein soll...

Verstehe mich bitte nicht falsch: Es gibt sicher hervorragende Übungsgruppen und absolut tolle Übungsgruppenleiter, die nicht nur etwas von der Mathematik verstehen, sondern diese auch super vermitteln können.

Was ich aber vermeiden möchte, ist die Situation, in der du dort sitzt und dir denkst: „Wenn ich selbst in der Übung schon nichts verstehe, dann bin ich wohl im falschen Studiengang und sollte lieber das Fach wechseln... "

Ich empfehle dir dementsprechend, dir ein eigenes Bild von den Übungsgruppen zu machen. Falls diese dir helfen, dann freut mich das. Lass dir aber eben bitte nicht einreden, dass das Besuchen dieser Gruppen fundamentale Voraussetzung sei, um das Studium zu schaffen.

Mythos 2: „Du musst jeden Übungszettel vollständig selber lösen, denn sonst wirst du spätestens in der Klausur scheitern."

Dies ist so ziemlich das Schlechteste, was man einem Erstsemester sagen kann.

Die Problematik liegt einfach darin, dass man als Erstsemester häufig so wenig von den Zetteln versteht, dass man nicht einmal einen Ansatz hat!

Selbst innerhalb einer Lerngruppe (Merke dir an dieser Stelle bitte schon einmal, dass du im Mathestudium annähernd nichts alleine versuchen solltest, sondern immer mithilfe einer Gruppe!) bringt man in den ersten Wochen häufig absolut nichts zustande und bestaunt ein Blatt Papier, auf dem selbst nach Stunden nicht mehr als die Überschrift steht.

Das heißt, man sitzt dort und weiß einfach nicht, wie man anfangen soll, hat nicht einmal eine einzige Zeile, anhand derer man zu Knobeln beginnen könnte.

Wenn einem nun gleichzeitig diese Halbwahrheiten im Hinterkopf umherschwirren, dass ein Mathestudent zum Beispiel eigentlich so viel zu tun haben müsste, dass er kaum noch zu etwas anderem kommt, während man selbst aber gar nicht weiß, was man ÜBERHAUPT sinnvolles tun könnte, dann ist vorprogrammiert, dass ein vermeidbares schlechtes Gewissen omnipräsent sein wird.

Ganz im Ernst: Verfolgte jemand das Ziel, Erstsemester vollkommen unnötig zum Abbruch des Studiums zu bewegen, so wäre der Satz in Mythos 2 daher meiner Meinung nach einer der schnellsten Wege, um dieses Ziel zu erreichen.

Richtiger wäre in meinen Augen:

„Du solltest **zur Klausur** in der Lage sein, möglichst viele Aufgaben der Übungszettel lösen zu können."

Um diesen Satz zu verstehen, muss man wissen, dass auf nahezu jedem Übungszettel (bei uns enthielten diese meistens vier Aufgaben) schon einmal mindestens eine Aufgabe ist, die so nie in der Klausur abgefragt würde, weil viel zu schwierig und viel zu aufwendig. Es geht da mehr darum, die Genies ins Knobeln zu bringen. Ein bis zwei Aufgaben sind vielleicht machbarer und falls du das Interesse hast, kannst du gerne versuchen, diese sofort gänzlich selbstständig zu lösen, du MUSST ES ABER EBEN NICHT.

Es reicht vollkommen aus, sich die auf den Übungszettel stehenden Aufgaben am Ende des Semesters unmittelbar vor der Klausur von jemandem erklären zu lassen, der sie a) verstanden hat und dies b) auch vermitteln kann. Daher mein eindringlicher Tipp: Bevor du nichts abgibst, schreibe die Lösungen während des Semesters notfalls hin und wieder auch einfach von anderen ab! Ja, du hast richtig gehört. Lass dir die Aufgaben gegebenenfalls zuschicken und schreibe sie einfach ab (ich erkläre dir gleich genauer, weshalb ich das Abschreiben in diesem Falle für keine verwerfliche Sache halte)! Die Übungszettel können dir nämlich Bonuspunkte für die Klausur einbringen und für jemanden, der ständig an der Bestehensgrenze wankt, können diese zum Zünglein an der Waage werden. Du solltest also auf jeden Fall zusehen, diese möglichst immer abzugeben (bzw. nicht die Aufgabenzettel, sondern die Lösungen dazu ;-)).

In diesem Zusammenhang wären wir auch schon bei Mythos 3.

Bevor ich auf jenen eingehen werde, liegt es mir aber extremst am Herzen, auf Folgendes hinzuweisen.

Der Abschreib-Hinweis kommt von einer Person, welche im Allgemeinen von den meisten als sehr fleißig bezeichnet wird. Einer Person, die in der Schule häufig bis tief in die Nacht an seinen Hausaufgaben saß und dabei acht Seiten schrieb, während Mitschüler es bei acht Zeilen beließen. Einer Person, die nach seinem Realschulabschluss von 1,28 das Abitur mit der Note 1,8 abschloss, wobei sie NIE abgeschrieben sondern sich alles durch hohen Fleiß erarbeitet hat.

Das soll hier an dieser Stelle wirklich kein Eigenlob werden, was bekanntlich auch absolut unangebracht wäre. Wenn wir hier mal das Beispiel Mathestudium nehmen, gibt es wirklich zig Leute, die fachlich um Klassen mehr drauf haben als ich und Dinge nach einer Minute nachvollziehen konnten, die ich immer noch nicht verstanden habe.

Ich schreibe dies, um eine Lanze zu brechen und auf einen Aspekt aufmerksam zu machen, der nicht in Vergessenheit geraten sollte.

Wahrscheinlich sitzen gerade in diesem Moment Hunderte Mathestudenten in ganz Deutschland an ihrem Schreibtisch und schreiben irgendwelche Lösungen ab, die sie (noch) nicht einmal im Ansatz verstehen.

Es ist mir unglaublich wichtig, darauf aufmerksam zu machen, dass dies eben nicht alles äußerst faule Studenten sind, die nicht wissen, was es bedeutet, hart für das Erreichen eines Zieles zu arbeiten.

Allein die Tatsache, dass dieser Studiengang bei den Abbrecherquoten stets ganz vorne mitmischt (je nachdem, welche Studie herangezogen wird, beenden in der Regel etwa 50 bis 80 Prozent das Mathestudium ohne Abschluss), deutet ja bereits darauf hin, dass Personen mit einer mangelhaften Arbeitseinstellung im Laufe ihres Studiums früher oder später sowieso scheitern würden.

Mythos 3: „Das Mathestudium ist ein Vollzeit-Job, du wirst absolut keine Freizeit haben."

Dieser Satz ist ebenfalls einer, der eher Unruhe auslöst und viel zu wenig Wahrheit beinhaltet.

Ich würde ihn wie folgt umformulieren: „Das Mathestudium ist in der unmittelbaren Klausurvorbereitung ein Vollzeitjob, ansonsten kann man (zumindest als 2-Fach-Student) mit maximal zehn Stunden wöchentlichem Aufwand super klarkommen."

Das mit gigantischem Abstand wichtigste im Mathestudium ist eine hervorragend harmonierende Lerngruppe. In diesem Fall werden dir Leute Sachverhalte in zwei Minuten erklären können, die du ansonsten selbst nach stundenlangem „Googlen" immer noch nicht verstanden hättest.

Wenn du solch eine Gruppe gefunden hast, kannst du dich auf die unmittelbare Klausurvorbereitung verlassen, der Ablauf während eines Semesters sieht dann wie folgt aus:

Im Laufe des Semesters ist alles, was du tun musst, die Übungszettel abgeben. Die Lösungen für diese Zettel kannst du, bevor du gar nichts abgibst, zur Not auch einfach mal von Kommilitonen (Mitstudenten) abschreiben (Wieso du dabei wie bereits angedeutet in meinen Augen auch wirklich kein schlechtes Gewissen haben musst, erkläre ich im übernächsten Abschnitt). Etwa vier Wochen vor

der Klausur setzt du dich dann im Zuge der unmittelbaren Klausurvorbereitung mit deiner Lerngruppe in einen Raum mit Tafel und ihr rechnet bzw. beweist jede einzelne Aufgabe der Übungszettel (abgesehen vielleicht von den „Endgegner-Aufgaben", die könnt ihr erst einmal außen vor lassen) noch einmal zusammen durch. Sollte die Klausur auch nur ansatzweise fair gestellt sein, reicht dies zum Bestehen immer aus (es sei denn, du hast während der Klausur einen kompletten Blackout oder irgendwelche anderen nicht vorhersehbaren Dinge).

Natürlich ist es sogar noch einprägsamer, falls es gelingt, jede Übungsaufgabe vollkommen selbst zu lösen. Wer Spaß daran hat, kann dies auch gerne tun. Für mich war aber immer klar, dass ich lieber mit einer 4,0 bestehe und nebenbei noch einigermaßen Zeit für Freunde, Hobbies, usw. habe (zumindest während des Semesters :D), als mit einer deutlich besseren Note, dabei aber nur noch für das Studium lebe. Einen kompletten Übungszettel vollständig alleine zu lösen kostet selbst ein Genie etwa zehn Stunden Zeitaufwand. Falls du alle Aufgaben einfach nur abschreiben würdest, so kämen immer noch schnell vier Stunden zusammen, das muss dir klar sein.

Nun zu meiner Meinung, weshalb man kein schlechtes Gewissen haben müsse, falls man während des Semesters eher selten eine Übungszettelaufgabe eigenständig löst. Diesen Aspekt beantworte ich gerne mit einer Gegenfrage: Wieso sollte ich Stunden meiner kostbaren Lebenszeit in Aufgaben investieren, die ich z.B. niemals in der Schule unterrichten muss?

Für Lehramtsstudenten gilt sogar, dass das Mathestudium meiner Ansicht nach sowieso wenig zielführend ist, da geschätzt 90 % von dem, was gelehrt wird, in der Schule niemals weitervermittelt werden muss. Im Gegenteil: Vieles, was in der Schule benötigt wird, **ver**lernt man eher im Mathestudium, weil man es einfach viel, viel zu selten anwenden muss und dementsprechend aus der Übung kommt.

Es ergibt extrem viel Sinn, dass sich ein angehender Lehrer ein Wissen anreichert, das über die Inhalte des Schullehrplanes hinausgeht. Vor allem, da man eigentlich erst an der Universität eine Vorstellung davon erhält, was der Begriff „Mathematik" bedeutet. Die Schulmathematik könnte im Großen und Ganzen dann doch eher mit dem Begriff „Rechnen" bezeichnet werden.

Was allerdings in meinen Augen gleichzeitig extrem wenig Sinn ergibt, ist das viele potentiell herausragende Lehrkräfte ihr Studium wegen Dingen abbrechen, die sie später niemals in der Schule hätten unterrichten müssen.

Damit noch ein wenig besser nachvollzogen werden kann, wie sich viele Lehramtsstudenten im Mathestudium fühlen, möchte ich ein Parallelbeispiel einfügen.

Ein Freund von mir meinte einmal bezogen auf das Abitur: „Ich kann jetzt Gedichtanalysen in drei verschiedenen Sprachen schreiben, aber wie ich im Alltag eine Steuererklärung ausfülle, keine Ahnung. "

Diese Aussage drückt nicht aus, dass Gedichtanalysen sinnlos seien, sondern intendiert einfach, dass eine Verhältnismäßigkeit nicht gegeben ist.

Genau diese Problematik sehe ich eben auch im Mathestudium.

Einem Lehramtsstudenten erscheinen häufig etwa 90% der Inhalte als abgedrehtes Zeug und nur die verbleibenden 10% als potentiell wertvolle Unterrichtsinhalte.

Könnte man dieses Verhältnis in eine 50:50 Waage bringen, wäre damit meines Erachtens die Ideallösung gefunden.

So würden angehende Mathelehrer einerseits die Faszination „richtige Mathematik" erfahren, gleichzeitig aber einen stärkeren Praxisbezug und somit höchstwahrscheinlich einen größeren Sinn darin erkennen, sich zum Beispiel auch während des Semesters intensiver mit den Übungszettelaufgaben zu beschäftigen.

Ich persönlich habe den Wunsch „Ich möchte einfach nur irgendwie durchkommen, die Note ist mir vollkommen egal" auch noch nie von einem 1-Fach-Mathematiker gehört. Das ist wirklich vor allem ein lehramtsspezifisches Phänomen. In aller Regel sind die Lehramtsstudenten in ihrem Zweitfach auch deutlich ambitionierter und versuchen dort, die bestmögliche Note zu erreichen.

Wenn ich an mich selbst denke, dann kann ich auch nur sagen, dass mir in Mathe ein Bestehen reicht, ich aber das Ziel verfolge, mein Zweitfach Sportwissenschaften mit einer Eins vor dem Komma abzuschließen.

Nur um an dieser Stelle noch einmal zu unterstreichen, dass auch die 4,0er-Kandidaten meistens sehr ehrgeizige Menschen sind.

Aufgrund der eben angesprochenen Problematik kommt auch immer wieder der Vorschlag zum Vorschein, für Lehramtsstudenten und 1-Fach-Mathematiker getrennte Veranstaltungen anzubieten anstatt wie bisher, die 2-Fach-Studenten eben die gleichen, dafür aber weniger Veranstaltungen hören zu lassen.

Einige Unis setzen genau diesen Vorschlag auch schon um.

Auch hierzu möchte ich an dieser Stelle meine Ansicht geben, wenn ich eh gerade ein Buch über das Mathestudium schreibe. ;)

Ich persönlich kann nur sagen, dass ich sehr stark von den 1-Fach-Mathematikern profitiert habe und mir diese sehr viel beibringen konnten.

Mein Vorschlag würde so aussehen, dass man die Lehramtsstudenten die Grundvorlesungen mit den 1-Fach-Mathematikern zusammen hören lässt und dann eben die zweiten 50% des Studiums für die 2-Fach-Studenten mithilfe spezieller Veranstaltungen praxisorientierter ausrichtet.

Jetzt möchte ich noch einmal ein wenig mehr zu der Abschreib-Problematik der Übungszettelaufgaben ergänzen.

Ich habe ja eben bereits erklärt, weshalb ich es nicht für verwerflich halte, eine solche Aufgabe gegebenenfalls auch einfach abzuschreiben. Trotzdem möchte ich diesem Thema an dieser Stelle noch ein paar weitere Zeilen widmen.

Ich wurde natürlich von Leuten, denen ich erzählt hatte, dass ich diesen Punkt mit ins Buch aufnehmen möchte, überrascht angeschaut. Die Reaktion lautete ziemlich einheitlich in etwa so: „Bist du verrückt, ein Buch zu veröffentlichen, in dem du schreibst, dass du es nicht nur für keine Riesensache hältst, die Lösungen des ein oder anderen Übungszettels auch mal abzuschreiben, sondern sogar zugibst, dass du selbst hin und wieder abgeschrieben hast?!"

Nun, ich hätte dir natürlich auch sagen können: „Setz dich jeden Tag hin und versuche bis spät in die Nacht die Übungszettelaufgaben zu lösen."

Ich sehe aber keinen Sinn darin, einen Ratgeber zu schreiben, in dem ich nicht ehrlich bin und Dinge erzähle, die meiner Ansicht nach nicht der Realität entsprechen.

Ich werde hier keine Einschätzung zu Zahlen abgeben, wie viele Studenten im Laufe ihres Studiums die Übungszettel betreffend schon einmal abgeschrieben haben. Das wäre meinen Mitstudenten gegenüber nicht fair. Vor allem nicht denjenigen, die auch während des Semesters teilweise über 50 Stunden pro Woche in dieses Studienfach investiert haben bzw. investieren.

Ich sage nur, dass ich die Augen vor der Wahrheit nicht verschließen möchte.

Mein Ziel ist es, mit diesem Buch einen kleinen Beitrag dazu zu leisten, dass mehr Personen das Mathematikstudium abschließen.

Ich kann wirklich nur sagen, dass das Mathestudium eine grandiose Zeit war/ist, wir mit unserer Gruppe immer sehr viel Spaß hatten und ich mir wünsche, dass es mehr Studenten ernsthaft angehen und dann auch packen.

Deshalb wirst du von mir niemals diesen Satz hören: „Du musst jeden Übungszettel vollständig selber lösen, denn sonst wirst du spätestens in der Klausur scheitern."

Ich bin fest davon überzeugt, dass ich durch diesen Satz (der meines Erachtens eben absolut nicht der Wahrheit entspricht) nur noch mehr Personen UNNÖTIG verschrecken würde.

Ich kenne auch den ein oder anderen 1-Fach-Studenten, welcher eigentlich Freude an der Unimathematik empfand, genau aufgrund solcher „Ratschläge" das Studium aber dann doch abbrach, weil er einfach den Spaß daran verloren hatte - und es später bereute.

Nebenbei bemerkt ist es auch noch nicht einmal unbedingt vollständig umsetzbar, dass ausschließlich verschiedene Lösungen eingereicht werden.

a) Weil ab und zu dann eben doch Zahlen auftauchen und man ja dann schlecht 2+2=5 schreiben kann, nur weil jemand anderes als erstes 2+2=4 geschrieben hat. :D und b) Weil manche Aufgaben so anspruchsvoll sind, dass zehn Personen die Lösungen knobelnd zusammen erarbeiten. Wir durften aber immer nur maximal zu dritt abgeben.

Wie sollte man diese Geschichte denn jetzt lösen? Würfeln, welche drei Namen auf den Zettel geschrieben werden und die restlichen sieben haben vielleicht beim nächsten Würfeln mehr Glück? :D

Solange nicht explizit in der Aufgabenstellung angegeben ist, dass die Aufgaben eigenständig gelöst werden müssen, halte ich es also für absolut keine üble Sache, Übungszettelaufgaben gegebenenfalls auch einfach nur abzuschreiben.

Eines solltest du was das Abschreiben angeht (und ansonsten selbstverständlich auch) aber aufs Dringlichste beachten: Verhalte dich immer loyal! Das bedeutet:

1. Niemals von einer Person abschreiben, die deutlich zu verstehen gibt, dass sie das nicht möchte. Nachfragen!

2. Wer abschreibt, muss auch abschreiben lassen.

3. Es kommt selten, aber mitunter leider doch vor, dass ein Korrekteur der Übungszettel mehrfach identische Lösungen mit Punktabzug bewertet. Das heißt, dass eine Person, die dir helfen wollte, auf einmal einen Punktabzug erhält, weil du seine Lösungen abgeschrieben hast. Ich empfinde es als absolute Pflicht, in solch einem Fall unverzüglich zum Korrekteur zu gehen und die Sache geradezubiegen, also klarzustellen, wer von wem abgeschrieben hat. Schließlich kann es nun einmal nicht sein, dass jemand seine Leistung nicht angemessen gewürdigt bekommt, nur weil er dir helfen wollte.

Mythos 4: „Studenten, die während des Semesters die Übungszettelaufgaben recht oft abschreiben, sind faul."

Genau dies ist in sehr vielen Fällen eben nicht der Fall. Häufig wird in dem Zusammenhang der Begriff Faulheit mit herausragend gutem Zeitmanagement verwechselt. Diese Personen sind sich halt einfach im Klaren über ihre Ziele und versuchen ihre Ziele so zu erreichen, dass sie immer das Maximum an Zeit für Dinge herausholen, die ihnen besondere Freude bereiten, sie arbeiten also einfach unglaublich effektiv.

Es gibt selbstverständlich auch Ausnahmen, welche sowohl während des Semesters als auch in der unmittelbaren Klausurvorbereitung nicht viel investieren. Diese werden dann aber auch die Klausur mit entsprechendem Ausgang schreiben.

Mir wird in diesem Zusammenhang viel zu häufig vergessen, dass selbst jemand, der das Mathestudium „nur" mit einer 4,0 bestanden hat, in der Summe enorm viel Zeit in das Studium investieren musste (wie ich gleich in Kapitel 7 noch näher darstellen werde).

Als grobe Rechnung kann man sich ja einfach einmal Folgendes vor Augen führen: Nehmen wir einmal an, ein Mathestudent investiert während des Semesters wöchentlich sogar nur fünf Stunden Zeit in das Fach (ich hatte ja vorhin von maximal zehn Stunden gesprochen, siehe Mythos 2). Die Vorlesungszeit enthält etwa 14

Wochen. Dann wären wir bei 14*5=70 Stunden. Zusammen mit dem Arbeitsaufwand im Zuge der unmittelbaren Klausurvorbereitung (siehe Kapitel 7) wären wir somit trotzdem bei knapp 200 Stunden. Für EINE einzige Veranstaltung wohlbemerkt, die sich auch nur über ein Semester erstreckt.

Mythos 5: „Belegt die beiden Grundvorlesungen Analysis und Lineare Algebra gleichzeitig!"

Ein weiterer „Rat", der jemandem, der froh ist, sich in Mathe überhaupt irgendwie über Wasser zu halten, gar nicht hilft, ist das Einreden der Tatsache, man müsse die beiden Anfängervorlesungen gleichzeitig hören. Wieso sollte man die zwei mit Abstand schwierigsten Brocken gleichzeitig belegen, wenn die Umstellung von Schulmathematik zu universitärer Mathematik sowieso schon sehr schwierig ist und man sich nach einigen Semestern viel mehr an die Umstellung und den neuen Lernrhythmus gewöhnt hat? Falls man es schafft, super, dann hat man es schließlich „hinter sich".

Ich möchte aber darauf aufmerksam machen, dass zumindest an der Ruhr-Universität in Bochum (und ich kann mir beim besten Willen nicht vorstellen, dass dies an anderen Unis fundamental anders ausschaut), kein Zeitverlust entsteht, falls in den ersten beiden Semestern nur eine der beiden Grundvorlesungen gehört wird.

Nicht selten kommt es sogar vor, dass Studenten versuchen, beide Vorlesungen gleichzeitig zu meistern (so wie es eben häufig empfohlen wird) und am Ende keine der beiden Klausuren bestehen, weil die Lernzeit auf beide Vorlesungen verteilt werden musste. Ich kann nur sagen, dass ich als jemand, der überglücklich war, es in der Linearen Algebra auf eine 4,0 geschafft zu haben (sogar mit drei Prozent mehr als notwendig ;)), sehr gut damit gefahren bin, mich erst einmal auf eine Vorlesung zu konzentrieren.

Als Beweis, dass durch die genannte Vorgehensweise kein Zeitverlust entstehen muss, möchte ich zwei **Beispielpläne** einfügen. Nehmen wir an, es müssten folgende Vorlesungen bzw. Seminare absolviert werden:

- Lineare Algebra und Geometrie 1 (Vorlesung)

- Lineare Algebra und Geometrie 2 (Vorlesung)

- Analysis 1 (Vorlesung)

- Analysis 2 (Vorlesung)

- eine vertiefende Vorlesung im Bereich der Linearen Algebra

- eine vertiefende Vorlesung im Bereich der Analysis

- Einführung in die Wahrscheinlichkeitstheorie

- Proseminar

- Hauptseminar

Dann gäbe es etwa folgende Koordinationsmöglichkeiten:

Möglichkeit 1:

Die Möglichkeit, zu der ich Leuten rate, die nicht um eine gute Note, sondern ums pure Bestehen kämpfen.

1. Semester	Lineare Algebra und Geometrie 1
2. Semester	Lineare Algebra und Geometrie 2
3. Semester	Analysis 1, Vertiefung Lineare Algebra
4. Semester	Analysis 2
5. Semester	Proseminar Analysis oder Lineare Algebra, Einführung in die Wahrscheinlichkeitstheorie
6. Semester	Hauptseminar, Vertiefung Analysis

Möglichkeit 2:

Die häufig empfohlene Variante.

1. Semester	Lineare Algebra 1, Analysis 1
2. Semester	Lineare Algebra 2, Analysis 2
3. Semester	Proseminar Analysis oder Lineare Algebra, Vertiefung Lineare Algebra
4. Semester	Einführung in die Wahrscheinlichkeitstheorie
5. Semester	Vertiefung Analysis
6. Semester	Hauptseminar

Mythos 6: „Hattest du im Abi keinen Leistungskurs, wird es äußerst schwierig."

Solltest du im Abi „nur" einen Grundkurs in Mathe belegt und nun Sorge haben, dass du dadurch einen Riesennachteil im Studium hast, so kann ich dir diese Sorge direkt nehmen. Was du in der Uni machst, hat ja sowieso annähernd nichts mit Schulmathematik zu tun. Daher spielt es meines Erachtens nahezu keine Rolle, welchen Kurs du in der Schule besucht hast und wie gut oder auch weniger gut du darin gewesen bist. Ich kenne genug „Grundkursler", die im Studium sogar besser klargekommen sind als so mancher „Leistungskursler". Ein bedeutender Bestandteil des Studiums liegt eben im logischen Denken - und wer sagt denn, dass jemand dies schlechter kann, nur weil er keinen Mathe-Leistungskurs hatte?

Mythos 7: „Das Mathestudium ist nur etwas für Genies."

Was ich von dieser Aussage halte, kannst du dir jetzt sicherlich schon denken. Falls dies widererwarten nicht der Fall sein sollte, verweise ich besonders auf Punkt 2 der anfänglich genannten „Lebensmottos": Es gibt kein zu schwer, es gibt nur ein nicht genug wollen.

Hierzu noch ein kleines Gedankenspiel:

Stell dir vor, du schwimmst im Meer und wirst auf einmal von einer Welle heruntergedrückt, so stark, dass dir Meer und Meer (die Mathematiker finden solch einen „Witz" durchaus lustig, nur als kleine Vorwarnung ;)) die Luft wegbleibt, du möchtest nur noch eines: Atmen. Du ringst nach Sauerstoff, du willst einfach nur noch atmen.

Falls du so sehr nach einem Ziel strebst, wie du dich in diesem Moment danach sehnst, zu atmen, dann wirst du das Ziel erreichen.

Um diese hochkomplizierten Quellenangaben einwandfrei zu erfüllen, möchte ich an dieser Stelle darauf hinweisen, dass ich auf dieses Gedankenspiel basierend auf einer Aussage von Motivationsredner Eric Thomas gekommen bin, welcher sagte: „When you want to succeed as bad as you want to breathe, then you will be successful."

Was ich allerdings nicht verschweigen möchte: Wenn es nicht mehr um die Frage „Bestehen oder nicht bestehen?" geht, sondern darum, eine richtig gute Note zu erzielen, spielt gerade in den Naturwissenschaften definitiv die Veranlagung eine besondere Rolle. Du wirst feststellen bzw. kennst es auch bereits aus der Schule, dass es in Mathe Leute gibt, die auf Sachverhalte kommen, die du nicht einmal MIT ANGEGEBENEN LÖSUNGEN nachvollziehen kannst. Oder wie es mein guter Freund Necati Ince in Anlehnung an seinen ehemaligen Lehrer ausdrückt: „Du kannst eigentlich in jedem Fach schlecht sein, bist du in Mathe gut, halten die Leute dich automatisch für schlau."

Leute, die eine solche Neigung haben, sind also definitiv im Vorteil. Nichts desto trotz, ich kann mich nur wiederholen, ist erstens nichts unmöglich und kann zweitens durch extremen Fleiß sehr viel herausgeholt werden. Außerdem hat die Tatsache, dass die Mathematik den Ruf als eines der besonders schwierigen Studienfächer genießt, ja auch den Vorteil, dass einem selbst, in dem Moment, in dem jemand erfährt, dass man Mathe studiert, direkt einigermaßen Respekt entgegenfliegt. Dass man gar nicht so wenige Studieninhalte eventuell trotzdem nur in

Ansätzen kapiert hat, wissen die Leute ja nicht (vorausgesetzt man schreibt kein Buch darüber...). Klingt gar nicht schlecht, oder? ;-)

Mythos 8: „Das Mathestudium macht keinen Spaß."

Eine Sache, die ich vor drei Jahren niemals gedacht hätte: Das Mathestudium hat mir in den ersten sechs Semestern sogar deutlich mehr Spaß gemacht als das Sportstudium, obwohl ich im Herzen Sportler durch und durch bin. Dies liegt hauptsächlich ganz einfach daran, dass ich in Mathe viel stärker auf eine Gruppe angewiesen bin - und wenn du eine Gruppe gefunden hast, in der jeder jedem hilft, ist das etwas ganz Besonderes. Selbst das Lernen wird dann „zum Vergnügen", weil einfach immer jemand einen witzigen Spruch auf Lager hat. Die Phasen des stumpfen Auswendiglernens für sich selbst sind enorm gering, du lernst nahezu durchgängig in einer Gruppe. Die Wahrscheinlichkeit, während seiner Studienzeit zu vereinsamen, wie sie in anderen Studienfächern durchaus real ist, ist damit in Mathe ebenfalls sehr gering.

Außerdem gibt es da diese einzigartigen Glücksgefühle. Diese Gefühle, wenn du gerade etwas verstanden hast, was du drei Monate lang nicht einmal aussprechen konntest - der klassische AHA-Effekt, nur zehnmal so stark.

Ich kann zusammenfassend für mich nur in aller Deutlichkeit sagen: Auch wenn ich das Mathestudium erst einmal nicht unbedingt aus Liebe zu den Studieninhalten aufgenommen habe, sondern eher mit dem Hintergedanken, dass ich es eben brauche, um das Fach später in der Schule unterrichten zu dürfen, möchte ich es auf keinen Fall missen. Mich fasziniert die Art des logischen Denkens und eben die Fülle an tollen Menschen, die man kennenlernt.

Mythos 9: „Wer im Studium nicht viel verstanden hat, wird später in der Schule auch ein schlechter Lehrer sein."

Erst einmal möchte ich an dieser Stelle anmerken, dass die Wörter „nicht viel" sehr relativ zu betrachten sind, denn selbst bei einer 4,0 hat man die Grundlagen nachgewiesen.

Häufig ist es dann eben so, dass man in der Klausur die klassischen 4,0er-Aufgaben lösen konnte (also die Aufgaben, in denen zumindest noch ein paar Zahlen stehen) und bei den restlichen Aufgaben grob versteht, worum es geht, den Beweis aber nicht hinbekommt.

Wenn ich sage, dass ich von einer Aufgabe überhaupt keine Ahnung habe, meine ich damit auch immer Folgendes (sagen wir fast immer, immer klingt dann doch zu optimistisch :D):

Nehmen wir an, es geht in der Aufgabe um einen Endomorphismus (keine Sorge, noch musst du den Begriff nicht kennen, aber er dient mir als gutes Beispiel). Dann weiß ich, dass dieser eine spezielle Abbildung ist. Ich kann auch die grobe Struktur der Beweisführung nachvollziehen. Den Beweis dann aber eigenständig herzuleiten, das ist dann schon ein ganz anderes Kaliber und genau jetzt beginnen sich die Noten zu unterscheiden zwischen denjenigen, welche die Materie vollständig durchdrungen haben und eben den 4,0er-Kandidaten... ;)

Auf den als Mythos genannten Satz würde ich wie folgt antworten: Nur weil jemand den Unistoff teils nur sehr lückenhaft vermitteln kann, heißt das noch lange nicht, dass jemand den Schulstoff nicht vermitteln kann.

Außerdem sollte an dieser Stelle meines Erachtens nicht vergessen werden, dass jemand, der in der Schule nicht gut in Mathe war, kaum auf die Idee kommen wird, Mathe zu studieren. Man hat zum Glück nicht zwangsläufig nur Interesse an Fächern, in denen man in der Schule gut gewesen ist, aber ich kann mir schwer vorstellen, dass jemand ein Studium in einem Fach aufnehmen möchte, in welchem er in der Schule seine Leistungen regelmäßig mit der Note „mangelhaft" bescheinigt bekam.

Zudem spielen gerade in der Schule die sozialen Fähigkeiten eine herausragende Rolle. Meine Erfahrung ist die, dass vor allem die 4,0er-Kandidaten eine sehr hohe Kompetenz im zwischenmenschlichen Bereich vorweisen können.

Ergänzend empfinden Personen, die das Studium ohne die Hilfe der Mitstudenten niemals geschafft hätten, häufig auch noch eine besondere, tiefe Dankbarkeit, die sie gerne in der Schule weitergeben möchten.

Ich komme in diesem Zusammenhang auf jeden Fall zu dem Schluss, dass jemand, der das Studium „nur" mit einer 4,0 und trotz sehr hohen Arbeitsaufwandes auch einigem Zittern bestanden hat, sogar eine geeignetere Lehrperson darstellen könnte als jemand, der sein Studium mit einer 2,0 abschließt.

Achso: Um das an dieser Stelle auch noch einmal zu verdeutlichen: Nur, weil einer Person relativ egal ist, ob eine Abbildung ein Endomorphismus, Isomorphismus oder was auch immer ist, heißt das noch lange nicht, dass jene Person die Mathematik als Wissenschaft, dieses systematische Angehen von Problemstellungen, nicht fasziniert. Das wird leider häufig ein bisschen durcheinander gebracht...

Kapitel 3:
Charaktere im Mathestudium

Ich schätze die Mathematiker sehr, da dies insgesamt extrem liebe Menschen sind. Die Atmosphäre unter den Studenten habe ich allzeit als äußerst warmherzig und friedlich empfunden.

Wenn man versucht, die Mitstudenten zu „kategorisieren", so fällt auf, dass man im Allgemeinen auf einen dieser drei Fälle trifft.

<u>Charakter 1</u>: Mathematisch sehr veranlagt, geringe soziale Kompetenz.

<u>Charakter 2</u>: Mathematisch sehr veranlagt, hohe soziale Kompetenz.

<u>Charakter 3</u>: Mathematisch überschaubar veranlagt, hohe soziale Kompetenz.

Den Fall „Geringe mathematische Fähigkeiten + geringe soziale Kompetenz" habe ich nie erlebt, zumindest könnte ich mich nicht daran erinnern.

An dieser Stelle möchte ich nun erneut auf den Hinweis aufmerksam machen, der Gold wert ist und den ich nur mehr als bestätigen kann: Alleine hat man es selbst als Genie unfassbar schwer im Mathestudium, als durchschnittlicher Student dementsprechend erst recht. Such dir eine Lerngruppe!

Um dies umsetzen zu können, ist es wichtig, sich im Klaren darüber zu sein, in was für einer Gruppe man sich wohlfühlen wird. Leute zu finden, die „auf einer Wellenlänge" sind, ist DIE Fähigkeit überhaupt wenn es um ein erfolgreiches Mathestudium geht. Ich kann mich in diesem Zusammenhang nur wiederholen: Ich selbst hätte das Mathestudium alleine niemals gepackt und kenne noch einige mehr, die es geschafft haben, obwohl sie von den mathematischen Fähigkeiten her schlechtere Voraussetzungen hatten als andere, die bereits nach einigen Monaten das Studium abbrachen. Doch eine Gruppe, in der jeder für jeden da ist wie für seine Schwester oder seinen Bruder, kann das in nicht zu beschreibendem Umfang ausgleichen.

Ein absoluter Glücksfall sind dabei meines Erachtens die Charaktere Nummer 2. Diese bilden nach meinen Erfahrungen im Übrigen leider auch die kleinste Gruppe. Häufig ist es so, dass eine Person entweder eine sehr hohe mathematische Fähigkeit besitzt, sich allerdings damit schwer tut, jemandem die Inhalte auf niedrigem Niveau und ohne sonderlich komplizierte Fachbegriffe zu erläutern oder aber eine Person besitzt eine sehr hohe soziale Kompetenz und man merkt direkt, dass die Mathematik nicht den Mittelpunkt des Universums für sie darstellt, tut sich aber mit den Inhalten ziemlich schwer.

Nun zu einem häufig genannten Vorurteil. Leider ist der Gedanke, dass Mathestudenten abgedrehte Freaks ohne soziale Kompetenz seien, aus einigen Köpfen nicht herauszubekommen. Dieses Vorurteil beschriebe im Groben Charakter Nummer 1. Dazu möchte ich Folgendes klarstellen:

1.) Diese Gruppe ist **bei weitem** geringer, als sich manche vielleicht vorstellen können. Nur weil man Mathe studiert, heißt das also noch lange nicht, das man noch nie einen fremden Menschen gesehen hat.

2.) Ein Mensch sollte immer das tun, was ihn persönlich glücklich macht. Von daher: Wenn sich jemand extrem für die Mathematik interessiert und lieber vor dem Schreibtisch sitzt, als sich zum Beispiel dem Triathlonsport (dieses Beispiel musste ich aufgrund meiner persönlichen Vorliebe einfach einfügen) zu widmen, wieso sollte er es denn dann nicht tun? Falls du dich mit einer Sache nicht identifizieren kannst und sie nur tust, weil andere es gerne sehen würden, wird das früher oder später in Unzufriedenheit münden.

Was ich aber nicht verschweigen möchte, ist das dich die geringe soziale Kompetenz einiger Leute manchmal schon ein wenig in den Wahnsinn treiben kann. Dazu zwei Beispiele:

Beispiel 1:

In der Klausureinsicht kommt es immer wieder vor, dass Leute, die sowieso schon mit einer 1,3 oder ähnlicher herausragender Note bestanden haben, auf fast schon dreiste Art und Weise mit dem Korrekteur um ein letztes Pünktchen geradezu streiten, während nur ein paar Meter weiter jemand sitzt, dem nur ein Punkt zum Bestehen fehlt. Ich denke wir sind uns darüber einig, dass die Frage „Bestehen oder nicht bestehen?" von einem anderen Kaliber als die Frage „1,0 oder 1,3?" ist. Das sind solche Augenblicke, in denen die geringe soziale Kompetenz einiger Leute anstrengend werden kann. Es sollte doch selbstverständlich sein, sich in solchen Momenten aus Rücksicht auf seine Mitstudenten ein bisschen zurückzunehmen.

Nur um das klarzustellen: Falls etwas nicht in Ordnung war, dann muss auch der letzte Punkt verlangt werden dürfen. Das heißt: Ist die Klausur auf 1,0-Niveau gewesen, man hat aber nur die 1,3 bekommen, dann sollte das nicht nur, sondern muss in meinen Augen sogar angesprochen werden. Ich kann es beispielweise auch absolut nachvollziehen, falls Leute mit einem Abiturdurchschnitt von 1,1 nicht zufrieden sind, weil dieser auf eine unfaire Art und Weise zustande gekommen ist und eigentlich eine 1,0 hätte sein müssen. Da zieht das Argument „Andere Personen haben nicht einmal bestanden, also gib dich gefälligst mit dem zufrieden, was du hast" keinesfalls.

Worauf ich aber hinaus möchte: Einige sorgen mit realitätsfernem Feilschen, als befinde man sich auf einem Wunschkonzert und hätte Punkte geschenkt zu bekommen, für schlechte Laune bei den Korrekteuren. Diese führt dann leider gar nicht selten dazu, dass Mitstudenten teilweise berechtigte Punkte, die ein „nicht bestanden" zu einem „bestanden" heben würden, nicht mehr bekommen, weil die Korrekteure schlicht keine Lust mehr haben sich damit auseinanderzusetzen.

Das ist im Übrigen auch der Grund, weshalb ich allgemein empfehlen würde, möglichst frühzeitig zur Klausureinsicht zu gehen. Je weniger Leute vor dir beim Korrekteur waren, desto weniger können ihn bereits verärgert haben. Frühzeitig heißt in dem Fall aber wirklich frühzeitig, einige stehen schon 20 Minuten vor Beginn der Einsicht vor der Tür (meistens sind das eben ausgerechnet auch noch genau die Leute, die die Punkte gar nicht mehr zwingend bräuchten oder aus Langeweile hingehen), so als würde das neueste iPhone vorgestellt...

Beispiel 2:

Leider wirst auch du es höchstwahrscheinlich erleben, dass einige wenige Personen meinen, sich mithilfe ihrer im Vergleich zu anderen überdurchschnittlichen mathematischen Fähigkeit profilieren zu müssen. Dies kann etwa dann zu beobachten sein, wenn ein Übungszettel vollkommen unverhältnismäßig korrigiert wird. Das ist in gewisser Weise ein Schrei nach Anerkennung derjenigen Person. Nimm es dir bitte nicht allzu sehr zu Herzen!

In beiden Fällen solltest du es den Leuten allerdings nicht krumm nehmen, sie meinen es nie bewusst böse (okay, „nie" ist ein sehr starkes Wort, ich sollte lieber schreiben „in den allerallerallerseltensten Fällen").

Abschließend möchte ich noch einmal das wiederholen, was schon in der ersten Zeile steht, nicht, dass es nach dem vorherigen Abschnitt ein bisschen untergeht:

Mathematiker sind im Allgemeinen extrem liebe Menschen, die Atmosphäre an der Mathefakultät ist einzigartig warmherzig.

Kapitel 4:
Wie finde ich eine geeignete Lerngruppe?

Ich kann mich nur wiederholen: **Ohne eine geeignete Lerngruppe wirst du im Mathestudium annähernd keine Chance haben, sie ist deine Lebensversicherung.**

Genau aus diesem Grunde rate ich jedem aufs Dringlichste, zu den Vorkursen zu gehen, welche die allermeisten Unis anbieten. Auch wenn die Vorkurse in ursprünglicher Funktion dazu beitragen sollen, den inhaltlichen Übergang zwischen Schulmathematik und universitärer Mathematik möglichst glimpflich zu gestalten, liegt für mich der Hauptvorteil dieser Kurse eindeutig in der Möglichkeit, Gleichgesinnte kennenzulernen. Der inhaltliche Vorsprung der Studenten, die zum Vorkurs gehen, gegenüber Leuten, die den Vorkurs nicht besuchen, ist sowieso nach etwa zwei Wochen aufgebraucht. In diesem Zusammenhang bitte ich dich, dir selbst den Gefallen zu tun, auf die Leute zuzugehen. Viele sind einfach zurückhaltend, freuen sich aber genauso wie du, möglichst schnell Anschluss zu finden. Häufig ist es auch so, dass die Person, welche du angesprochen hast, auch bereits zwei oder drei neue Leute kennengelernt hat - auf diese Weise setzt sich eine Gruppe dann meist wie von selbst Stück für Stück zusammen, wie kleine Mosaikteilchen, die allmählich zu etwas Großem zusammenwachsen.

Wichtig ist dabei jedoch Folgendes: Eine Lerngruppe kann für dich nur dann funktionieren, falls du dich in ihr wohlfühlst. Das bedeutet vor allem, dass die Leute, wie bereits angeführt, mit dir auf einer Wellenlänge sein sollten. Sitzt du mit vier Leuten an einem Tisch, allesamt Genies, während du nicht einmal die Überschrift des Blattes verstehst, wirst du dir gänzlich fehl am Platz vorkommen (ich weiß, wovon ich da spreche ;-)). Von daher schaue einfach, dass du ebenfalls Leute deines Leistungsniveaus kennenlernst. Viel wichtiger als das fachliche Können ist natürlich das Zwischenmenschliche. Auch wenn du in der Mathebibliothek ausschließlich sehr liebe Menschen treffen wirst, kommst du nun einmal mit einigen Leuten ein bisschen besser klar als mit anderen.

Im Laufe des Semesters begreifen immer mehr Studenten, dass es Sinn macht, sich in der Bibliothek zu treffen (zum Beispiel zum wöchentlichen Übungszettel „lösen"). Es bilden sich zumeist Tischgrüppchen. Falls du alleine bist und noch keine geeignete Lerngruppe gefunden hast, dann hab keine Scheu, dich einfach zu solch einer Gruppe an den Tisch zu setzen. Du könntest beispielsweise nach einer bestimmten Aufgabe fragen - und schon bist du im Gespräch.

Deine Lerngruppe wird nicht nur in der unmittelbaren Klausurvorbereitung fundamental wichtig für dich werden, sondern sie hält dich auch während des Semesters im Spiel. Ein Beispiel: An meiner Uni durften wir die Übungszettel immer zu dritt abgeben. Jetzt kann es aber vorkommen, dass du in einer Woche mal im Urlaub oder aus welchen Gründen auch immer verhindert bist. Ohne Gruppe würdest du für diesen Zettel genau null Punkte bekommen. So kann man in solch einem Fall aber einfach seine Freunde bitten, ein bisschen mehr von diesem Zettel zu übernehmen, während du dich irgendwann revanchierst. Es ist ein ständiges Geben und Nehmen. Außerdem werden mithilfe der Gruppe auch allgemeine Informationen ausgetauscht. Man verpasst zum Beispiel selten eine Anmeldefrist für eine Klausur, weil einen die anderen darauf hinweisen.

In den allermeisten Fällen entstehen innerhalb der Gruppen tiefe Freundschaften, die kilometerweit über eine bloße Zweckgemeinschaft im Sinne von „Wir brauchen uns gegenseitig, um das Studium zu schaffen" hinausgehen. Meine Lerngruppe ist für mich wie eine Art zweite Familie geworden. Man kümmert sich umeinander und unternimmt auch abseits der Uni einiges zusammen. Angesichts des Wortes „Abseits" möchte ich in diesem Zusammenhang erwähnen, dass wir mit unserer Truppe ab und zu zusammen ins Stadion gegangen sind (selbst meine geliebten Bayern haben wir in Bochum gesehen!) und 2014 sogar ein Fußballturnier der Ruhr-Universität gewinnen konnten. Bowling, Kirmes, Kino - all das war auch dabei. Fällt dir etwas auf? Es geht hier gerade nicht um mathematische Dinge, das Thema Freizeit muss also wie bereits erwähnt definitiv nicht viel zu kurz kommen.

RUB-Cup-Sieger 2014: „Flenners Enkel"

oben (v. l.): Hasani Zelmat, Kadir Burak Erol, Lukas Sieverding, Ansgar Scholten, Tom Völker

unten (v. l.): Aneta Grzejda, Vanessa Bazant, Necati Ince

es fehlen: Peter Sosna, Zahra Gül, Hendrik Dohme, Büsra Cakir, Marc Lemgen

Foto: AStA der Ruhr-Universität Bochum

Achja, eine Fakultätsparty gibt es an den meisten Unis natürlich auch bei den Mathematikern, nur das diese das zumindest bei uns nicht „Party", sondern „Fete" nennen. Auch wenn „Fete" nach weniger Spaß klingt, rate ich dir, falls es irgendwie geht, hinzugehen. Man lernt immer irgendwelche Leute kennen. Vielleicht können sie helfen, dich durchs Studium zu bringen, vielleicht entsteht sogar mehr daraus. Einfach alle möglichen Veranstaltungen mitnehmen, auf denen man Gleichgesinnte treffen könnte, schließlich lautet das Motto: Je mehr Kontakte du hast, desto höher ist deine Chance, im Mathestudium erfolgreich zu sein.

Darüber hinaus möchte ich dich dazu anhalten, durchaus auch Wege zu gehen, die für manche ein wenig ungewöhnlich erscheinen. Spielst du zum Beispiel auch gerne Fußball? Wieso hängst du dann nicht einfach einen Zettel in die Bibliothek (nachdem du vorher natürlich das Bibliothekspersonal gefragt hast, ob es damit einverstanden ist) und versuchst etwas zu organisieren: „Ich hätte Bock, mal wieder ein bisschen Fußball kicken zu gehen. Falls noch wer Lust hat, schreibt mir einfach [Handynummer, E-Mail-Adresse, was auch immer]." Das sind hervorragende Möglichkeiten, Leute kennenzulernen. Überdies werden sich in dem genannten Beispiel Personen melden, die höchstwahrscheinlich zumindest einigermaßen auf gleicher Wellenlänge sind, eine Gemeinsamkeit habt ihr mit dem Fußball ja jedenfalls schon einmal. Falls du Facebook hast, kannst du es natürlich auch darüber versuchen (auch wenn ich nun wirklich kein Fan von Facebook bin...).

Kapitel 5:
Wie gelange ich an die Lösungen der Übungsblätter?

Das Abgeben der Übungszettel muss nicht zwanghaft zu einem lästigen Übel werden, sondern kann sogar richtig Spaß machen. Ich habe während der bisherigen dreieinhalb Jahre längst nicht jeden Übungszettel während des Semesters vollständig eigenständig gelöst. Mir ist wie gesagt bewusst, dass dies sehr offen formuliert ist, aber wie ich bereits angesprochen habe, möchte ich hier ehrlich zu dir sein und die Augen vor der Wahrheit nicht verschließen (erinnere dich an Kapitel 2).

Wie in jenem Kapitel geschildert, halte ich dies für jemanden, der am Ende einfach nur irgendwie die Klausur bestehen möchte, auch absolut nicht notwendig. Wie du zur Not an diese Lösungen gelangst unterscheidet sich eigentlich kaum von der Art und Weise, mit der man versucht, eine geeignete Lerngruppe und gute Freunde zu finden. Du musst einfach nur auf die Leute zugehen und mit diesen sprechen.

Dir fehlt die Lösung einer Aufgabe? Natürlich sieht der unmittelbare Gedanke in der Regel so aus, erst einmal innerhalb der eigenen Gruppe nachzufragen, ob jemand weiterhelfen kann. Sollte dies aber nicht der Fall sein, dann gehe einfach auf deine Mitstudenten zu und sprich sie an.

Sei dabei aber immer vollkommen ehrlich. Lüge also niemals, nur um dadurch an eine solche Aufgabe zu gelangen! (um an dieser Stelle festzuhalten, dass falls du es doch tust, du das nicht von mir hast, denn das ist ganz, ganz schlechter Stil und zeugt nicht gerade von einem gefestigten Charakter.)

Du solltest nie vergessen, dass es nur Matheaufgaben sind und es keine Matheaufgabe der Welt rechtfertigt, sich charakterlos zu verhalten. Wenn du dich nicht im Geringsten mit der Aufgabe befasst hast, dann komme also nicht mit Fragen der Marke „Ich komme bei der Aufgabe 3 nicht weiter, könntest du mir diese erklären?"

Die Menschen sind überdies auch viel offener und hilfsbereiter, wenn du aufrichtig bleibst.

Sprich einfach direkt aus, dass du dich nicht damit befasst hast, aber nicht auf die Bonuspunkte verzichten möchtest und dich deshalb freuen würdest, falls du die Lösung abschreiben dürftest. Nichts ist ehrlicher als die Wahrheit. Häufig ist dabei ohnehin zu beobachten, dass sich die Leute sogar freuen, angesprochen zu werden, denn meistens fehlt diesen auch noch eine oder mehrere Aufgaben - und schon kann man sich gegenseitig helfen. Es entstehen regelrechte Tauschgeschäfte...

In diesem Zusammenhang ist es äußerst wichtig, Kontakte zu haben und auch zu pflegen. Tausche Nummern aus. Je mehr, desto höher die Wahrscheinlichkeit, dass Studium erfolgreich abzuschließen. Ich persönlich (als jemand, der in den Smartphones und gefühlt 1000 möglichen unnötigen Apps eher einen Fluch als einen Segen sieht) habe mehrfach die Aussage getroffen: „Ohne das Mathestudium hätte ich kein Whatsapp." Daran sieht man, wie viele Bilder hin- und hergeschickt werden - und wie viele Personen sich gegenseitig helfen.

Was dabei immer wieder vorkommt, ist die Tatsache, dass man Lösungen einfach überhaupt nicht lesen kann. Dies ist eigentlich sogar besonders erfreulich, denn wenn ich das richtig auf dem Schirm habe, neigen intelligente Menschen laut wissenschaftlichen Untersuchungen dazu, nicht die allerschönste Handschrift zu pflegen. Die Lösung, die du vor Augen hast, scheint also nicht gänzlich falsch zu sein. Solltest du gar nicht weiterkommen, ist es auch nicht sonderlich schlimm, einfach ein bisschen unleserlich zu schreiben. Mir ist das häufig bei den Buchstaben „h" und „n" passiert. Der Korrekteur wird schon Vertrauen in dich haben, dass du das richtige meintest und falls nicht, ist das immer noch besser, als gar keine Lösung abzugeben.

Genau dies ist auch der Grund, weshalb ich in Zusammenhang mit den Übungszetteln von Spaß spreche. Setze dich einmal an einen Tisch, an dem sieben Leute gleichzeitig versuchen, ein Werk zu entziffern - unbeschreiblich. Interessant wird es dann im Seminarraum während der unmittelbaren Klausurvorbereitung, wenn du auf einmal verstehst, weshalb es nur ein „h" oder eben das „n" sein konnte - ein unvergleichlicher AHA-Effekt.

Wichtig ist hierbei aber definitiv (man kann es nicht oft genug betonen), dass du dich deinen Mitstudenten gegenüber immer loyal verhältst, wie bereits in Kapitel 2 klargestellt. Wenn andere dir helfen, musst du den anderen auch helfen - und sollte dir jemand beispielweise nicht seine Lösung geben wollen, weil er stundenlang an dieser gearbeitet hat, dann ist dies mehr als nur zu akzeptieren.

Abschließend möchte ich noch eine Frage beantworten, die sich einige besonders fleißige Studenten stellen: Sollte ich mich erst mit den Vorlesungsinhalten und dann mit den Übungszetteln beschäftigen? Oder versuche ich die Vorlesung anhand der Übungszettel zu wiederholen?

Ich würde dringend zu Letzterem raten.

Im ersten Semester, als ich meinen eigenen Weg, das Mathestudium anzugehen, noch nicht gefunden hatte, habe ich mich immer nach der Vorlesung hingesetzt (die ersten paar Monate bin ich noch hingegangen, bis ich dann irgendwann für mich festgestellt hatte, wie wenig mir ein Vorbeischauen in der Vorlesung bringt) und versucht, diese nachzuarbeiten.

Was nach meiner Erfahrung dann geschieht, ist Folgendes:

Du wirst nach wie vor kaum etwas verstehen und das „nacharbeiten" eher darin münden, dass du die Vorlesung mehr oder weniger einfach nur abschreibst, um dein Gewissen zu beruhigen. Schließlich hast du ja von vielen Leuten gehört, dass man als Mathestudent keine Freizeit haben dürfe. Gleichzeitig fühlst du dich dabei aber eher noch verunsicherter, da du nun einmal spürst, dass du eigentlich gerade nur etwas machst, um etwas zu machen und dies kaum hilfreich ist.

Ich würde eine Vorlesung deshalb niemals gesondert, sondern wenn, dann immer anhand der Übungszettel nacharbeiten.

Schließlich beziehen sich die Übungszettel stets auf eine bestimmte Vorlesung und für die Aufgaben werden dann Definitionen oder Sätze gebraucht (im Glücksfalls sogar Formeln), die eben in jener entsprechenden Vorlesung stehen. So wiederholst du die Vorlesung quasi nebenbei und das auf eine Art und Weise, die viel anwendungsbezogener ist.

Du blätterst also, während du mit den Übungszetteln beschäftigt bist, ein wenig in den Vorle-
sungsunterlagen.

An dieser Stelle möchte ich allerdings anfügen,
dass es meiner Ansicht nach zum Bestehen
nicht notwendig ist, überhaupt jede Vorlesung
regelmäßig nachzuarbeiten, aber auch hier findet im Laufe der Semester jeder den Weg, der
für ihn persönlich am besten funktioniert. Ich
möchte nur nicht, dass du jetzt auf die Idee
kommst, du müsstest im Mathestudium
zwangsläufig jede Vorlesung nacharbeiten, um
eine Chance zu haben und du dir so wieder unnötig Stress verursachst.

Behalte bitte im Hinterkopf, dass du alle Vorlesungen im Prinzip sowieso noch einmal wiederholst, nämlich im Zuge der unmittelbaren
Klausurvorbereitung, wenn ihr mit eurer Lerngruppe jeden einzelnen Übungszettel (die sich
eben alle auf eine bestimmte Vorlesung beziehen) noch einmal zusammen durchgeht.

Kapitel 6:
Typischer Aufbau einer Klausur

Der Großteil der Klausuren im Mathestudium ist meiner Erfahrung nach fair gestellt, dass muss man deutlich zugeben. Der klassische Aufbau sieht demnach wie folgt aus:

30% der Klausuraufgaben: Mit guter Vorbereitung für jedes Leistungsniveau umsetzbar.

40% der Klausuraufgaben: Mittelschwer, Ansätze für jemanden der sehr gut gelernt hat möglich, komplettes und vollständiges Lösen der Aufgabe unwahrscheinlich.

30% der Klausuraufgaben: Aufgaben, um die Spreu vom Weizen zu trennen.

Wichtig in diesem Zusammenhang ist nun, dass jemand, der wie ich in Mathe nach dem Motto „Vier gewinnt" studiert, sehr hohen Aufwand innerhalb der unmittelbaren Klausurvorbereitung betreiben muss, um die letzten 10% herauszuholen. Bei 40% liegt man recht schnell, um von 40% auf 50% zu gelangen, muss aber mindestens noch einmal der gleiche Aufwand betrieben werden wie für das Erreichen der vorherigen 40%.

Kapitel 7:
Tipps zur unmittelbaren Klausurvorbereitung

Du möchtest dich angemessen auf eine Klausur vorbereiten - dazu gratuliere ich dir an dieser Stelle recht herzlich, denn damit hast du offensichtlich ein Ziel. Das klingt so simpel, aber Ziele zu haben ist ein ganz wichtiger Schritt und sich intensiver damit auseinanderzusetzen, ein noch größerer, den viele Menschen gar nicht gehen. Vielleicht kennst du die Worte des Philosophen Michel Eyquem de Montaigne (1533-1592):

„Kein Wind ist demjenigen günstig, der nicht weiß, wohin er segeln will."

Mit den Zielen ist es aber so eine Sache: Ohne ein wenig Zeitdruck verläuft das ganze häufig im Sand. Du kennst bestimmt folgendes: Du bereitest dich auf eine Klausur vor und denkst dir „Ich hätte gerne noch eine Woche mehr Zeit zum Lernen. Schade, dass die Klausur nicht eine Woche später ist." Was würde aber passieren, falls die Klausur tatsächlich um eine Woche verschoben wird? Falls es dir ergeht wie den meisten, dann würdest du dann trotzdem erst eine Woche später mit dem Pauken beginnen...

Ich kann dir dementsprechend nur empfehlen, dir selbst ein wenig positiven Druck durch eine Zeitbegrenzung zu erzeugen.

Im Prinzip gibt es fünf Schritte, die du bei einer Klausurvorbereitung meiner Ansicht nach beachten solltest.

Die Schritte 2 bis 5 sollten dabei etwa 4 Wochen mit einem Arbeitspensum von mindestens 30 Stunden pro Woche in Anspruch nehmen - nun ist Fleiß gefragt!

Ich kann für mich nur sagen, dass ich in der ein oder anderen Woche auch deutlich über 60 Stunden gelernt habe und für einige Klausuren auch schon einmal 8 Wochen lang, das ist eben auch ein bisschen talentabhängig.

Unter diesen also mindestens 120 Stunden wirst du nach meiner Erfahrung aber kaum wegkommen.

Wichtig ist also, das ganze systematisch und mit Zeitbegrenzung versehen anzugehen. Es ist weithin bekannt, dass man die Erfüllung seiner Ziele viel eher angeht, falls man diese schriftlich fixiert.

Schreibt euch zum Beispiel bezogen auf Schritt 2 bitte wirklich so etwas auf wie:

Woche 1: bis Mittwoch müssen die Zettel 1-3 fertig sein.

bis Freitag: Zettel 4-5.

usw.

Meine grobe Zeitplanung bezüglich der gleich beschriebenen Schritte sah immer in etwa wie folgt aus:

Vor Beginn der vierwöchigen Lernphase:	Schritt 1
Woche 1, Woche 2 und Woche 3 bis einschließlich Tag 3	Schritt 2
Woche 3, Tag 4 – Tag 7	Schritt 3
Woche 4, Tag 1 – Tag 6	Schritt 4
Woche 4, Tag 7	Schritt 5

Woche 5, Tag 1: Zur Uni fahren, Klausur bestehen. ;)

Achja, wie reagiere ich eigentlich, falls die Klausur, warum auch immer, doch in die Hose ging? (Das weißt du übrigens wirklich erst mit Veröffentlichung der Klausurergebnisse. Es gibt genug Leute, die sich einreden, die Welt gehe unter, um dann nachher festzustellen, dass sie die Klausur doch bestanden haben. Mal ganz nebenbei: In Mathe kommt es durchaus häufig vor, dass die Bestehensgrenze nachträglich noch nach unten angepasst wird, um den Klausurdurchschnitt einigermaßen im Rahmen zu halten.)

Ich bin mit folgender Taktik immer gut gefahren:

1. Fluchen.

2. Ein paar Tage Pause und den Kopf freibekommen.

3. Ursache für nicht bestandene Klausur analysieren (Beachte in diesem Zusammenhang bitte Kapitel 8.3.1).

4. Ziel mit hoher Motivation systematisch neu angehen.

Schritt 1: Suche das Gespräch mit dem Professor!

Damit es in der Klausur keine Überraschungen gibt, auf die man gar nicht vorbereitet war, empfiehlt es sich, vor der Klausurvorbereitung das Gespräch mit dem Professor zu suchen. Einfach zu dessen Büro laufen und einmal schauen, ob dieser gerade Zeit hat. Dabei sollten nun folgende Fragen unbedingt gestellt werden.

1.) *„Welche Möglichkeiten zur Vorbereitung auf die Klausur erachten Sie als hilfreich?"*

Auf diese Fragestellung erhält man häufig bereits wertvolle Tipps, da beispielsweise darauf hingewiesen wird, wie das Verhältnis von Rechen- zu Beweisaufgaben ungefähr ausschauen wird. Oder es gibt sogar genauere Hinweise, die sich in etwa so anhören: „Schauen Sie sich auf jeden Fall Übungszettel 8 noch einmal genauer an."

2.) *„Inwiefern werden Definitionen wortwörtlich abgefragt?"*

Einige Professoren kommen den Studenten dadurch entgegen, dass sie Definitionsabfragen einbauen. Diese Art der Aufgaben habe ich immer als dankbar empfunden, da hier lediglich Fleiß gefragt ist und kein mathematischer Geniestreich. Allerdings ist hiermit natürlich auch ein erheblicher Zeitaufwand verbunden. Es empfiehlt sich daher sehr, diese Frage zu stellen, um anhand der Antwort eine erste Idee davon zu bekommen, wie der Professor seine Prioritäten bezüglich der Klausurplanung legt.

3.) *„Wird es eine Probeklausur geben?"*

Einige Professoren stellen vorab eine Probeklausur, damit man als Student einen groben Eindruck bezüglich der Klausurstruktur erhalten kann. Manchmal stellen Professoren diese aber auch erst auf Nachfrage, weil sie zum Beispiel einfach nicht daran gedacht haben. Von daher solltest du diese Frage ebenfalls nicht vergessen.

Schritt 2: Alle Übungszettel noch einmal zusammen in der Gruppe durchgehen.

Die massive Hauptvorbereitung auf die Klausur wird in der Auseinandersetzung mit den Übungszetteln liegen. **Der Tipp, der mir das Studium gerettet hat, war die Aussage : „Sucht** euch einen Seminarraum und stellt jemanden an die Tafel, der euch die Aufgaben in normaler Sprache erklären kann." (Aber Vorsicht: Es kommt vor, dass an einigen Unis bestimmte Räume eine gewisse PCB- oder Asbestbelastung aufweisen. Achtet also bitte darauf, euch in einem gesunden Raum aufzuhalten.)

So simpel es klingt: Du brauchst einfach nur einen Raum mit Tafel und mindestens eine Person aus Kategorie 2 des Charakterkapitels - Person mit hohen mathematischen Fähigkeiten UND hoher sozialer Kompetenz. Zu Beginn rechneten wir in unserer Lerngruppe jeder für sich und bei Fragen wurde doch immer dieselbe Person (Tom Völker) angesprochen. Also machte es doppelt Sinn, sich einen Raum zu suchen, in dem die „allwissend" erscheinende Person die Aufgabe direkt der ganzen Gruppe erklären konnte - quasi eine selbstgegründete Übungsgruppe.

Geht man nun in der Gruppe alle Übungszettel durch, wobei man natürlich jede noch so scheinbar selbsterklärende Frage stellen kann (und man eben meistens auch nicht mit 15-20, sondern nur mit fünf bis sieben Personen in einem Raum sitzt), ist dies um Klassen effektiver und motivierender, als wenn man für sich alleine rechnen bzw. beweisen muss. Auf einmal machte das Lernen sogar einigermaßen „Spaß", weil die Atmosphäre innerhalb der Lerngruppe einfach immer superlocker gewesen ist.

Schritt 3: Ausgewählte Aufgaben der Übungszettel noch einmal alleine lösen.

Da du nun die Lösungen der Übungszettel beisammen und überdies auch aller Voraussicht nach recht gut verstanden hast, ist es an der Zeit, bestimmte Aufgaben, die dir noch nicht so liegen oder du dir gut in der Klausur vorstellen könntest, noch einmal selbstständig zu lösen. Schließlich bist du in der Klausur ja dann doch auf dich alleine gestellt.

Schritt 4: Altklausuren rechnen.

Wenn du bei den Übungszetteln (auf die etwa 70% des Zeitaufwandes entfallen werden) ein gutes Gefühl hast, empfiehlt es sich erfahrungsgemäß, Altklausuren des jeweiligen Professors zu besprechen, sofern du die Möglichkeit dazu hast. Oftmals hat die Fachschaft eine Sammlung von Altklausuren auf dem PC, gehe also einfach einmal hin und frage nach. Diese Altklausuren können eine Riesenhilfe darstellen, schließlich ändert sich der Stil der Klausurgestaltung einer Person nicht von heute auf morgen. Falls du ganz viel Glück hast, wird sogar eine Aufgabe in deiner Klausur nochmals abgefragt... ;-)

Schritt 5: Am letzten Tag: Nur noch ein bisschen Definitionen lernen.

Der letzte Tag vor der Klausur ist der, an dem du nicht mehr allzu viel lernen solltest. Idealerweise rechnest du an diesem Tage keine einzige Aufgabe mehr, sondern liest dir nur noch einmal ein paar Definitionen durch, denn selbst falls diese nicht wortwörtlich abgefragt werden, ist es immer möglich, damit noch einige Ansatzpunkte zu erlangen. Nach meiner Erfahrung hat ein 4,0er-Kandidat alle Aufgaben, die er vollständig lösen kann, sowieso in maximal 70% der zur Verfügung stehenden Zeit abgehakt.

Mithilfe der Definitionen hast du also die Möglichkeit, dir bei den anderen Aufgaben durch Versuche noch ein wenig die Zeit zu vertreiben und obendrein noch ein paar Ansatzpunkte zu sammeln. Außerdem ist es bei Beweisen häufig so, dass einfach nur Bedingungen, welche in der Definition stehen, abgeklappert werden müssen. Selbst falls du keine Ahnung hast, wie der Beweis zu führen ist, kannst du nun wenigstens die Bedingungen hinschreiben und erklären, dass das zu zeigen gewesen wäre. In erfahrungsgemäß etwa 90% der Fälle bekommst du dafür mindestens einen Ansatzpunkt.

Solltest du in der unmittelbaren Klausurvorbereitung jemals Schwierigkeiten mit der Lernmotivation bekommen (da du ein Mensch bist, wird es diese Phasen definitiv geben), bitte ich dich, dir folgendes klarzumachen: Eigentlich solltest du froh sein, dich überhaupt auf die Klausur vorbereiten zu können. An der Uni gibt es in anderen Fächern nämlich leider auch immer wieder ungerechte Multiple-Choice-Klausuren. Da ist es häufig wirklich so, dass es kaum einen Unterschied macht, ob man gelernt hat oder nicht, weil in der Klausur viele Fragen so gestellt sind, dass sowieso jeder raten muss. Solche Klausuren sind meines Erachtens höchst unfair und ich verstehe auch einfach nach wie vor nicht, weshalb man solche konzipiert. Da kommt es dann immer wieder vor, dass jemand Wochen in die Vorbereitung investiert hat und durchfällt und wer anders setzt sich einfach auf gut Glück in die Klausur und besteht. Tue dir also selbst den Gefallen und lerne die Möglichkeit der Klausurvorbereitung zu schätzen! Ich fand, dass einige Matheklausuren eben genau aufgrund dieser Problematik sogar leichter zu bestehen waren als die ein- oder andere Klausur in meinem Zweitfach bzw. im Optionalbereich.

Kapitel 8:
Tipps gegen Prüfungsnervosität

Die allermeisten Studenten sind vor einer Klausur unnötig nervös und fühlen sich einem enormen Leistungsdruck ausgesetzt - gerade aufgrund der Einführung der begrenzten Anzahl der Prüfungsversuche. In einigen Fällen führt diese Nervosität schon fast zu geradezu panischer Prüfungsangst. Aus diesem Grunde hier nun einige meiner Denkweisen und Ansichten, vielleicht helfen sie dir ja. Voraussetzung ist natürlich, dass du dich vorher in angemessenem Maße auf die Klausur vorbereitet hast, aber ich gehe nicht davon aus, dass ich dir das wirklich erzählen muss...

Wer absolut nichts in dieser Richtung unternommen hat, kann auch keine Ansprüche stellen.

8.1 Es ist nur eine Klausur.

Es ist wichtig, sich bewusst zu machen, dass es NUR EINE KLAUSUR ist. Stelle dir bildlich vor, was passiert, sollte die Klausur in die Hose gehen - nichts. Andere Menschen müssen täglich in einer Kriegssituation um ihr Leben fürchten, haben nichts zu essen, nichts zu trinken, noch nicht einmal ein Dach über dem Kopf. Was soll also bitte „schlimm" daran sein, beim Ausfüllen eines Zettels nicht mindestens zu 50% (hier liegt offiziell an die meisten Unis die Bestehensgrenze der Klausuren) Antworten gegeben zu haben, die andere gerne gehört hätten?

8.2 Mach dir klar, wie viele mögliche Aufgaben du in der Lage wärest zu lösen!

Vielen Studenten schweben vor Klausuren Sätze im Kopf, die sich in etwa wie folgt lesen: „Wenn er das und das abfragt, habe ich ein Problem, das kann ich nicht." Dies ist meiner Ansicht nach die vollkommen falsche Herangehensweise. Wichtiger ist es, sich der eigenen Stärke bewusst zu werden. Wenn du 90% des Stoffes drauf hast und nur 10% nicht, dann sollte die Aussage eher lauten: „Er kann 90% der Inhalte abfragen, sodass ich überall zumindest Ansätze hinschreiben könnte."

Denke vor einer Prüfung also nicht daran, was du nicht kannst, sondern viel mehr daran, was du alles im Köcher hast! Der zweite Teil überwiegt bei angemessener Vorbereitung in erdrückendem Maße.

8.3 Nimm keine unfair gestellten Klausuren als Maßstab!

Was immer wieder zu beobachten ist, ist das sich Leute verrückt machen, weil sie in einer vorherigen Klausur vollkommen „auseinandergenommen" wurden. Lag der Grund hierfür in einer mangelhaften Vorbereitung, dann ist es selbsterklärend, dass etwas an der Arbeitseinstellung geändert werden muss. Sollte es allerdings zu einem Fall gekommen sein, wie er noch in Kapitel 10.2 beschrieben wird, dass nämlich der Professor schlicht eine Klausur gestellt hat, die komplett daneben war, dann liegt dies nicht nur außerhalb deines Beeinflussungsbereiches, sondern ist auch noch eine nicht greifbare Ungerechtigkeit (was ich genau damit meine, erkläre ich dir in Unterkapitel 8.3.1).

Sich nun vor jeder kommenden Klausur einzureden, dass solch etwas wieder geschehen wird, ist ein fataler Fehler. Denn damit machst du komplette Ausnahmefälle zum Maßstab. Darüber hinaus misstraust du Professoren, die überhaupt nichts dafür können, dass einer ihrer „Kollegen" (auf die Anführungszeichen lege ich an dieser Stelle besonderen Wert) soziale Kompetenz hat vermissen lassen.

Nochmal: Ich spreche in diesem Zusammenhang nicht von schwierigen Klausuren. Siehe „Lebensmotto 2": Ein zu schwierig gibt es nicht, man muss etwas nur stark genug wollen. Ich spreche in diesem Zusammenhang also von UNFAIREN Klausuren. Was ich genau damit meine, möchte ich nun in meinem kleinen Exkurs „Das Geheimnis erfolgreicher Menschen" näher erläutern.

8.3.1   Exkurs: Das Geheimnis erfolgreicher Menschen.

Was machen erfolgreiche Menschen anders als weniger erfolgreiche?

Wann auch immer du dir Menschen anschaust, die in einem bestimmten Bereich ihres Lebens erfolgreich sind (wie genau Erfolg definiert wird, ist natürlich eine persönliche Angelegenheit), so wirst du feststellen, dass diese Personen das Prinzip des Beeinflussungsbereiches verstanden haben.

Ich möchte hierzu eine Skizze einfügen:

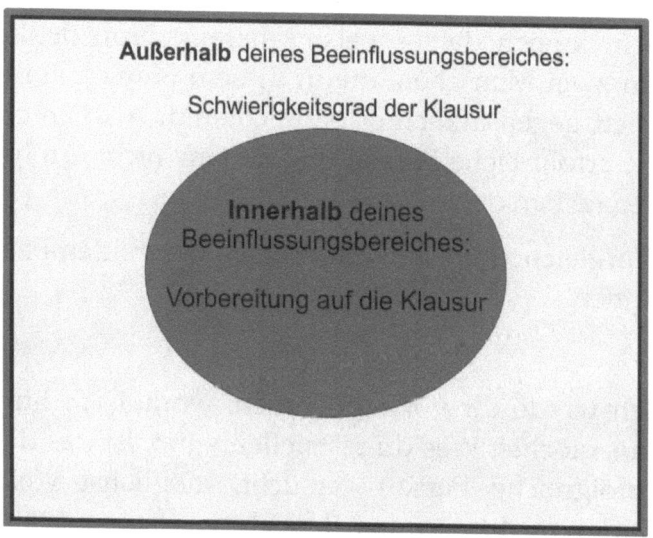

Abbildung 1:

Dein persönlicher Beeinflussungsbereich.

Alles, was in deinem Leben passiert, kannst du einem der beiden Bereiche zuordnen. In dem grünen Bereich befinden sich Aspekte, die du selbst beeinflussen kannst. In dem grauen wiederum solche, die du nicht selbst beeinflussen kannst (da das Buch schwarz-weiß gedruckt wird, sage ich besser dazu, dass der mittlere Kreis der grüne ist :D).

An dieser Stelle habe ich eine kleine Aufgabe für dich: Picke dir bitte einmal einen bestimmten Bereich deines Lebens heraus. Nun denke an zwei Menschen, die in diesem Bereich komplett gegensätzlich erfolgreich sind. Also an eine erfolgreiche Person und an eine nicht erfolgreiche Person.

Vergleiche nun die Denkweisen der beiden Personen.

Ich werde dir vorwegnehmen, worauf ich hinaus möchte. Was du feststellen wirst, ist das die erfolgreiche Person versucht, möglichst viele Dinge in den grünen Bereich zu packen, während die wenig erfolgreiche Person dazu neigt, Dinge in den grauen Bereich zu verfrachten.

Nehmen wir das Beispiel aus der obigen Abbildung.

Du kannst den Schwierigkeitsgrad der Klausur nie 100%ig beeinflussen, schließlich stellt der Professor die Klausur. Du hast also mehr oder weniger keinen Einfluss darauf, ob die Klausur besonders anspruchsvoll oder einigermaßen machbar wird.

Alles, was du tun kannst, ist dich angemessen vorzubereiten. Diese Vorbereitung beinhaltet nicht nur das Rechnen bzw. Beweisen von zig Aufgaben, sondern beispielsweise auch ein vorheriges Gespräch mit dem Professor. Vielleicht kannst du ihn durch dein Gespräch direkt oder indirekt dazu bewegen, die Klausur ein wenig lösbarer zu gestalten. Wie genau die Klausur schlussendlich aber aussehen wird, liegt nicht in deiner Hand.

Wichtig ist nun aber der Umgang mit dem Klausurresultat. Stell dir vor, du wärest durch die Klausur gefallen. Was macht die erfolglose Person? Richtig, sie ordnet das Klausurergebnis dem grauen Bereich zu. Ein typischer Satz wäre in diesem Zusammenhang: „Die Klausur war einfach zu schwer."

Wie reagiert die erfolgreiche Person? Genau, die erfolgreiche Person fokussiert sich auf den grünen Bereich. Der Gedanke solch einer Person ist folgender: „Wenn das bisher von mir Investierte nicht ausgereicht hat, muss ich eben noch mehr arbeiten."

Diese Gedanken trennen Welten, denn alles, was sich innerhalb deines Beeinflussungsbereiches befindet, kannst du kontrollieren, du hast die **Verantwortung** darüber. In dem Moment, in dem du Dinge dem grauen Bereich zuordnest, hast du dein Schicksal nicht mehr selbst in der Hand, du kannst dein Leben nicht mehr aktiv selbst gestalten, sondern begibst dich in eine passive Position.

Stell dir eine Fußballmannschaft vor. Innerhalb des grünen Bereiches bist du einer der elf Feldspieler. Du kannst aktiv den Erfolg beeinflussen.

Sobald du aber diesen Bereich verlässt und die Schuld für ein Resultat oder eine Situation auf andere schiebst, beförderst du dich quasi selber auf die Auswechselbank. Jetzt hast du keine Chance mehr, dein Leben in die eigene Hand zu nehmen, sondern bist von dem Verhalten anderer Menschen abhängig.

Lass mich dir ein weiteres Beispiel nennen. Vor knapp vier Jahren, als ich noch Schüler war, kam Persönlichkeitstrainer Christian Bischoff zu uns ans St.-Georg-Gymnasium in Bocholt.

Er erzählte uns davon, wie er als ehemaliger Basketballer (Christian war meines Wissens der jüngste Basketball-Bundesligaspieler aller Zeiten!) Dirk Nowitzki kennenlernte und das er es damals nicht für möglich hielt, dass aus Dirk einmal einer der besten Basketballspieler der Welt würde. Er meinte, dass es andere Spieler gab, die in seinen Augen ein deutlich höheres Talent hatten als Dirk.

Genau jetzt kommt der entscheidende Punkt. Dirk Nowitzki hatte damals zwei Möglichkeiten: Entweder, er wendet sich dem grauen Bereich zu, indem er sich darauf konzentriert, dass sein Talent offensichtlich nicht ausreiche. Oder aber er fokussiert sich auf etwas, dass er gezielt beeinflussen kann - sein Trainingspensum. Ich kann nicht vergessen, wie begeistert Christian davon berichtete, wie extrem Dirk angefangen hatte zu trainieren und daraufhin besser und besser wurde. Das aus ihm ein ganz Großer geworden ist, brauche ich dir denke ich nicht zu erzählen.

Den analogen Fall haben wir auch in Mathe. Im Studium wirst du Leute kennenlernen, die mit einem sehr hohen Talent gesegnet sind und Sachverhalte verstehen, die ich persönlich selbst nach dreimaligem Durchlesen nicht einmal ohne Rechtschreibfehler niederschreiben kann. Was man nun immer wieder von Studienabbrechern im Fach Mathe hört sind Sätze wie „Die anderen waren um Klassen besser, ich war einfach nicht gut genug."

Ich hoffe, du hast bis hierhin aufmerksam gelesen, denn dann weißt du, weshalb diese Denkweise wenig erfolgversprechend ist.

Leute, die solche Sätze sagen, konzentrieren sich wieder auf etwas außerhalb ihres Beeinflussungsbereiches, nämlich Talent. Falls man nicht in solch einem Maße mit Talent gesegnet ist, muss man eben in Dirk Nowitzki-Manier anfangen, das Arbeitspensum zu erhöhen.

Ich kann mich noch gut daran erinnern, wie wir mit unserer Lerngruppe in der unmittelbaren Klausurvorbereitung samstags häufig nach Dortmund gefahren sind, mit der Begründung, dass dort die Universitätsbibliothek erst um 02:00 Uhr nachts schließt (bei Whatsapp würde ich jetzt diesen Affen-Smiley einfügen, der sich die Hände vor die Augen hält)...

Weil diese Denkweise so wichtig ist, fasse ich sie an dieser Stelle noch einmal wiederholend zusammen: Erfolgreiche Menschen versuchen, falls sie sich in einem Bereich ihres Lebens verbessern möchten, prinzipiell immer, die Verantwortung bei sich selbst zu suchen. Das heißt nicht, dass du dich fertig machen sollst (im Gegenteil: Du solltest immer in positivem Gesprächston und respektvoll mit dir selbst sprechen), sondern dass du dir die Frage stellst: „Was genau kann ich tun, um mit dieser Situation klarzukommen bzw. ein bestimmtes Ziel zu erreichen?"

Was du aber bitte niemals tun solltest, ist Verantwortung für Ungerechtigkeiten zu übernehmen, welche von anderen Menschen ausgehen und die nicht berechenbar sind.

Dazu ein kleines Gedankenspiel:

Stell dir vor, du bist Fußballtrainer eines Kreis-liga-Teams und spielst in der ersten Runde des DFB-Pokals mit deinem Kreisliga-Team gegen Bayern München. Der erste Schritt wäre nun, diese Angelegenheit wieder in deinen Beeinflussungsbereich zu ziehen. Ich möchte also kein „Das ist aber ein Hammer-Los, wir haben keine Chance" hören (mal abgesehen davon, dass sich ein Kreisliga-Team in dieser Situation höchstwahrscheinlich freuen würde, einmal gegen die Bayern spielen zu dürfen), sondern das erfolgreiche Denken wäre: Wenn der Gegner so stark ist, müssen wir eben noch härter trainieren.

Nun schafft ihr es tatsächlich, bis zur 90. Minute ein 0:0 zu halten, als der Schiedsrichter auf einmal mit einer krassen, unabsichtlichen Fehlentscheidung auf Elfmeter für Bayern entscheidet und ihr das Spiel dadurch 1:0 verliert.

Stellst du jetzt deine ganze Vorbereitung auf das Spiel in Frage und änderst vor zukünftigen Spielen dein komplettes System? Nein, denn diese Ungerechtigkeit ist *nicht greifbar*.

Du kannst nicht vorhersehen, dass der Schiedsrichter einen unberechtigten Elfmeter pfeift, ein Abseitstor gibt usw.

Natürlich könntest du jetzt auch wieder streng genommen sagen: Okay, dann hätte unser Team eben vorher das 1:0 schießen müssen.

In dem Moment begehst du aber zwei Riesenfehler.

1. Du machst dich unnötig und bewusst fertig.

2. Du übernimmst Verantwortung für eine nicht greifbare Ungerechtigkeit, die von einer anderen Person ausging und die eben nicht berechenbar ist.

Ganz, ganz schlechte Idee!!!

Genau das ist es, wovon ich in Unterpunkt 8.3 spreche. Falls die Klausur schwierig gewesen ist, dann kannst du darauf reagieren, in dem du eben das nächste Mal noch mehr lernst. Falls die Klausur aber schlicht UNFAIR gewesen ist, dann zerbrich dir bitte nicht den Kopf darüber! Stell dir bitte einmal vor, du bekommst anstelle der Matheklausur, die zu deiner Vorlesung passt, auf einmal eine Chemieklausur in die Hand gedrückt, weil dein Professor euch verzweifeln sehen wollte. Das ist eine unvorhersehbare Ungerechtigkeit einer anderen Person. Stell also auf keinen Fall deine ganze Arbeitsweise infrage, nur weil so etwas passiert ist!

Sprich den Professor darauf an, damit sich für zukünftige Studenten oder auch für dich, falls du einen B-Termin bei der gleichen Person schreibst, etwas ändert. Sieht diese Person es partout nicht ein und möchte nichts verändern, dann hake es ab, denn dann ist es endgültig nicht mehr greifbar und du darfst dich durch so etwas nicht unnötig nervös machen lassen.

8.4 Genieße die Klausuren!

Klausuren genießen? Meint der das im Ernst? Ja, das meine ich vollkommen ernst. Es ist wichtig, sich vor Augen zu führen, dass man sich eine Situation erarbeitet hat, zu der viele gar nicht gekommen sind. Es ist in gewissem Maße etwas Besonderes, eine Ehre, eine Klausur schreiben zu dürfen. Nun hast du den Moment geschaffen, deine Entwicklung krönen zu können - genieße ihn!

8.5 Du musst nicht jede Aufgabe lösen können!

Wenn mit einigen Personen am Tag vor der Klausur die Pferde durchgehen, packen diese häufig irgendwelche Aufgaben aus, die erstens entweder sowieso nicht abgefragt würden, weil diese gar nichts mit der eigenen Vorlesung zu tun haben (häufig kommt so etwas vor wie „Ich habe im Internet noch das und das gefunden, kapierst du das?" - Das ist Unterkapitel 8.2, wieso sollte ich bewusst nach Aufgaben suchen, die ich nicht lösen kann und somit nur für Unruhe sorgen?) oder aber es sind Aufgaben, die durchaus klausurrelevant erscheinen, aber nicht notwendig sind, um auf eine 4,0 zu kommen und/oder du in der Klausursituation sowieso nicht hinbekommen würdest. Häufig gehören diese in die Kategorie „Aufgaben, um die Spreu vom Weizen zu trennen." Lass dich durch solche Leute nicht kirre machen!

Im Prinzip gibt es zwei Arten von Persönlichkeiten:

1.) Personen, die für jedes Problem eine Lösung haben.

2.) Personen, die für jede Lösung ein Problem haben.

Tue dir also bitte selbst den Gefallen und versuche, zur ersten Gruppe zu gehören.

8.6 Der Professor ist auch nur ein Mensch.

Noch aufgeregter als vor einer Klausur sind die meisten, wenn sie einen Seminarvortrag vor dem Professor halten müssen. Plötzlich ist sie da - diese Angst, sich zu blamieren. „Was ist, falls ich eine Frage gestellt bekomme, die ich nicht beantworten kann?"

Das ist alles kein Problem. Meine Meinung ist ganz klar die, in solch einem Fall einfach vollkommen offen und ehrlich zuzugeben, dass man gerade keine Ahnung hat. Was sollte daran so tragisch sein? Der Professor ist auch nur ein Mensch und wird auch einige Dinge nicht können, in denen du besonders gut bist. Bei angemessener Vorbereitung auf den Vortrag hast du deine Hausaufgaben erfüllt und brauchst dir wirklich keine Gedanken machen. Außerdem möchte ich in diesem Zusammenhang erneut an Unterkapitel 8.1 erinnern. Angst ist in Bezug auf eine Prüfung sowieso das falsche Wort, wenn einem bewusst ist, welchen Problemen andere Menschen auf dieser Welt ausgesetzt sind.

Sollte ein Professor nichts desto trotz geradezu „Spaß" daran haben, einen Studenten vorzu-führen, so tut er dies in den meisten Fällen of-fensichtlich aufgrund eines mangelnden Selbstwertgefühls. Er möchte sich damit als überlegen darstellen. Das ist in gewisser Weise ein Zeichen von Charakterschwäche des Profes-sors und nicht dein Problem. Jeder hat seinen Gegenüber mit Respekt zu behandeln, JEDER.

Erinnere dich diesbezüglich bitte auch noch einmal an Unterkapitel 8.3: Sollte dir so etwas tatsächlich passieren, dann mach bitte nicht den Fehler, dich bei deinem nächsten Vortrag auto-matisch vorurteilsbehaftet und unnötig nervös gegenüber deinem neuen Professor zu verhal-ten, denn dieser kann absolut nichts für das Verhalten seines „Kollegen".

8.7   Vorbeugend: Sprechen, sprechen, sprechen!

Um Klausuren von vornherein ein wenig den Wind aus den Segeln zu nehmen, ist es von herausragender Wichtigkeit, das Gespräch mit Mitstudenten, insbesondere solchen höheren Fachsemesters, zu suchen. Leider ist nicht zu leugnen, dass der Schwierigkeitsgrad einer Vorlesung abhängig vom jeweiligen Professor teils erheblich variiert. Solche Unterschiede kannst du aber nur in Erfahrung bringen, wenn du mit deinen Mitmenschen sprichst. Die goldene Regel im Mathestudium lautet: Einzelkämpfer haben es schwer! Also, zeige dich kommunikativ und gehe auf deine Mitstudenten zu!

8.8   Setze dich in der Klausur nicht zwischen die Genies!

Wenn du weißt, dass du jemand bist, der sich schnell nervös machen lässt, dann setze dich in den Klausuren nicht unbedingt zwischen die größten Genies des ganzen Jahrganges.

Mir hat es nie etwas ausgemacht, wenn ich

nach links schaue - da schreibt jemand fleißig

nach rechts schaue - da schreibt jemand fleißig

und ich selbst bin nach spätestens zwei Drittel der zur Verfügung stehenden Zeit bereits durch mit dem, was ich vollständig lösen kann. Mir war das immer ziemlich egal, da ich den Klausuren erstens sowieso **nicht unnötig** viel Bedeutung beimesse (siehe Unterkapitel 8.1) und man zweitens für 50% ja nur die Hälfte der Punkte und somit sowieso nur die Hälfte der Zeit benötigt (rein rechnerisch zumindest). Anderen Leuten geht solch eine Situation aber näher, da wäre es doch angenehmer, zwischen Leuten zu sitzen, die genauso wenig zustande bringen.

In diesem Zusammenhang möchte ich dich allerdings dazu anhalten, immer alles zu versuchen, falls es dir wirklich wichtig ist. Man sieht immer wieder Personen, die hinterher sagen, dass sie doch so gerne bestanden hätten, ihre Klausur aber bereits nach fünf Minuten abgegeben hatten. Dafür habe ich dann einfach kein Verständnis. Selbst wenn man absolut keine Ahnung hat, kann man immer irgendetwas schreiben. Ab und zu wundert man sich, wofür man noch Teilpunkte bekommen hat. Bei einem leeren Blatt Papier haben die Korrekteure aber keine Möglichkeit, dir Teilpunkte zu geben.

Abschließen möchte ich dieses Kapitel mit einem kurzen Abschnitt über die Herkunft von Angst.

Angst ist eigentlich eine sehr nützliche Eigenschaft, denn sie bewahrt dich vor Gefahren und kann dir dein Überleben sichern. Falls ein Säbelzahntiger auf dich zugerannt kommt (auch wenn die meines Wissens ausgestorben sein müssten), dann wirst du natürlich weglaufen wollen - und das ist auch gut so. Hättest du in diesem Moment kein Angst, so wäre dies womöglich dein sicherer Tod.

Nun habe ich noch einmal eine kleine Aufgabe für dich: Vergleiche die Kontinente Afrika und Europa. Auf welchem Kontinent findest du offensichtlich mehr Menschen mit psychischen Problemen?

Ich habe keine Statistiken durchforstet, aber meine Erfahrung zeigt mir, dass psychische Krankheiten wie Depressionen in diesem Vergleich vor allem ein europäisches Phänomen sind.

Was meinst du, warum das so ist?

Auch bin ich kein Arzt oder Psychologe, aber ganz fest davon überzeugt, dass es daran liegt, dass wir in Europa verhältnismäßig wenigen „echten" Gefahren ausgesetzt sind. Diesen täglichen Existenzkampf, wie ihn beispielsweise leider sehr viele Afrikaner führen müssen, den gibt es etwa in Deutschland kaum. Wir leben in einem sehr, sehr hohen Wohlstand, wofür ich unendlich dankbar bin und jedem, der ähnliches Glück in seinem Leben gehabt hat und es auch hoffentlich in Zukunft allzeit an seiner Seite haben wird, darum bitte, dies niemals zu vergessen.

Wir Menschen scheinen aber eine Art „Angstspeicher" in uns zu tragen, der regelmäßig geleert werden muss. Damit meine ich Folgendes: Menschen in Afrika haben Angst, weil es in den allermeisten Fällen gerechtfertigt ist. Stell dir eine Grippe vor. Für einen Afrikaner kann das zu einer lebensgefährlichen Sache werden. Wir Europäer hingegen gehen damit im Allgemein lockerer um, weil wir uns denken: „Dann gehe ich eben zur Apotheke, hol mir ein entsprechendes Medikament, lege mich eine Woche ins Bett und dann bin ich wieder fit."

Nun haben wir Europäer aber auch einen „Angstspeicher". Was machen wir also, wenn sich uns glücklicherweise keine Möglichkeiten ergeben, diesen zu leeren? Wir suchen uns Dinge, die eigentlich völlig nebensächlich sind und projizieren unsere Angst darauf.

Ich möchte dich deshalb dazu ermutigen, bei all deinen Ängsten fortan immer zu prüfen, ob diese dich wirklich vor lebensbedrohlichen Gefahren schützen oder eher selbstsabotierend sind. Ein typisches Beispiel findest du etwa dann, wenn du einen Seminarvortrag halten sollst, zu dem wir gleich noch kommen werden. Eine gewisse Nervosität ist menschlich und sogar durchaus hilfreich, denn sie sorgt dafür, dass du dich konzentrierst und angemessen vorbereitest. Angst hingegen wäre völlig unangebracht, schließlich ist dies nun wirklich keine lebensbedrohliche Situation. Selbst wenn du das Ganze vollkommen vergeigst oder dein Professor dich komplett niedermachen würde, würdest du nicht daran sterben, oder?

Eine andere Situation bestünde hingegen darin, wenn du Angst davor hast, mit deinem Auto mit einer Geschwindigkeit von 200 km/h eine starke Kurve zu fahren. Diese Angst ist mehr als angebracht, denn nun schützt sie dich vor einer lebensbedrohlichen Situation. Indirekt schützt diese Angst übrigens auch die Menschen, welche dir nahe stehen, denn falls du tödlich verunglückst, ist das auch für deine Familie, Freunde usw. eine extrem traurige Situation (Ich hoffe sehr, dass das irgendwann jeder Raser mal kapieren wird!). Das ist übrigens der gleiche Grund, weshalb ich persönlich es nicht akzeptieren möchte, wenn ein Raucher sagt, dass ihm bewusst sei, wie schädlich das Rauchen ist und dass falls er einmal an Lungenkrebs erkranken sollte, er damit klarkommen werde. Er denkt dabei einfach nicht an die Menschen, die ihm nahe stehen und denen er damit Leid zufügen würde.

Aber genug dieser Beispiele, ich möchte nicht den Moralapostel geben und vom eigentlichen Thema abschweifen.

Nimm aus diesem Abschnitt bitte einfach mit, dass ich dir empfehle, in Zukunft bei jeglicher verspürter Angst zu prüfen, ob diese wirklich sinnvoll und nützlich ist. Was du feststellen wirst, ist dass wir uns häufig vollkommen unangebracht stressen und uns unnötige Probleme verschaffen (Das kann man übrigens nicht nur auf die Angst beziehen, sondern auch auf viele weitere Dinge. Ich kann mir zum Beispiel nicht vorstellen, dass sich jemand, der seit seiner Geburt um sein Überleben kämpfen musste, über zu langsames Internet aufregt...). Das ist übrigens auch der Grund, weshalb ich das Kapitel „Tipps gegen Prüfungsnervosität" genannt habe und nicht „Tipps gegen Prüfungsangst". Angst hat in Bezug auf eine Uni-Prüfung einfach nichts verloren. Selbst falls du in die undankbare Situation kommst, einen dritten Prüfungsversuch wahrnehmen zu müssen, solltest du bitte nicht den Fehler machen, Angst zu haben, sondern nur hohen Respekt und eine positive Nervosität.

Kapitel 9:
Tipps zum Thema Seminarvortrag

9.1   Vorbereitung eines Seminarvortrages

Für den ersten Schritt kann ich die Überschrift aus Unterkapitel 8.1 übernehmen: Sprechen, sprechen, sprechen! Auch wenn es um einen Seminarvortrag geht, ist eine kommunikative Vorbereitung bereits die halbe Miete. Es wird immer Professoren geben, die eher gegen die Studenten arbeiten und andere, die mit den Studenten arbeiten. Je mehr Informationen du vorher hast, desto besser. Manchmal ist es auch so, dass du bei einem Professor doppelt so lange vortragen musst wie bei einem anderen - für den gleichen Abschluss. Zum Beispiel deshalb, weil Professor A bei zehn Seminarsitzungen auch nur zehn Studenten in das Seminar aufnimmt, Professor B allerdings 20 und dementsprechend mit der zur Verfügung stehenden Zeit haushalten muss.

Weitere Hinweise:

<u>Schaffe dir einfach zu lösende Probleme selbst aus dem Weg!</u>

Ich erinnere mich da an die Vorbereitung auf meinen eigenen Proseminar-Vortrag. Unter anderem tauchte in den Materialien, welche ich aufbereiten sollte, dieses komische Abbildungszeichen auf, das aussieht wie eine Mistforke. Jedenfalls hatte ich keine Ahnung, wie dieses vermaledeite Zeichen auszusprechen ist. Daraufhin gab mir mein taktisch hochveranlagter Studienfreund Marc den Tipp, das Zeichen einfach umzubenennen. Ob ich es jetzt x oder y nenne, der Sinn blieb in dem Fall immer derselbe. Also ersetzte ich kurzerhand alle Mistforken durch ein Alpha, das kennt man ja ein bisschen besser. Problem gelöst!

Ein weiteres Beispiel besteht darin, dass die Materialien in aller Regel gekürzt werden müssen. Man muss also einige Dinge auslassen. Wieso sollte ich dann nicht einfach besonders schwierige Sachen streichen?

In dem Zusammenhang mahne ich aber zugleich auch ein bisschen zur Vorsicht. Damit es während des Vortrages kein negatives Erwachen gibt, solltest du deinen Professor vorab genau bezüglich solcher Stellen fragen, ob er jene unbedingt hören möchte oder nicht. Falls nein, weltklasse! Falls ja, dann hast du wenigstens die Möglichkeit, dich darauf vorzubereiten. Ohne vorheriges Fragen könnte es ansonsten natürlich vorkommen, dass du während deines Vortrages auf einmal auf vorab gestrichene Inhalte angesprochen und vollkommen auf dem falschen Fuß erwischt wirst - eine undankbare Situation.

Suche also vorab das Gespräch mit deinem Professor!

Ob Klausur oder Seminar, du solltest immer vorher mit deinem Professor gesprochen haben. Im Seminar hast du dadurch sogar den großen Vorteil, dass du nicht nur eben beschriebene Situation vermeidest, weil du genauestens absprechen kannst, was im Vortrag auftauchen soll und was nicht, sondern dass dich der Professor obendrein auch einfach schon kennt. Wenn er seinen Studenten kennt und weiß, dass sich dieser mit den Inhalten befasst und im Rahmen seiner Fähigkeiten sein wirklich Bestmögliches versucht hat, wird er dich während des Vortrages automatisch noch einmal ein bisschen herzlicher behandeln. Du kannst ihn auch ruhig ganz direkt inhaltliche Sachen fragen, nach dem Motto: „Ich verstehe das und das nicht, können Sie mir das bitte erklären?"

Die allermeisten Menschen freuen sich, wenn sie anderen etwas erklären können, steckt darin doch ein Kompliment. Schließlich wäre dein Professor nicht Professor und du würdest ihn jetzt nicht fragen, wenn er nicht irgendetwas besser kann als andere.

An dieser Stelle möchte ich noch einmal kurz ein paar Zeilen zurückwandern, um auf einen wie ich finde wichtigen Aspekt hinzuweisen.

„Wenn er seinen Studenten kennt und weiß, dass sich dieser mit den Inhalten befasst und im Rahmen seiner Fähigkeiten sein wirklich Bestmögliches versucht hat [...]"

- **dein Bestmögliches versuchen**, dazu möchte ich dich gerade bei Seminarvorträgen wirklich anhalten.

Ich brauche denke ich nicht wiederholen, dass gerade ich an der Uni vor den Matheklausuren immer dachte: „Das und das habe ich noch immer erst so halb verstanden, solange ich aber meine mindestens 4,0 schreibe, ist mir das vollkommen egal."

In Bezug auf Seminarvorträge ist die Ausgangslage allerdings häufig ein wenig anders, da manchmal Bachelorarbeiten deiner Mitstudenten auf Basis der Seminarinhalte entstehen oder diese vielleicht noch eine Klausur unter anderem auch über dein Thema schreiben müssen.

Deshalb erachte ich es in diesem Zusammenhang als nicht fair, falls man einfach sagt: „Sollte der Vortrag inhaltlich ziemlich bescheiden werden und ich die Inhalte kein bisschen vermitteln können, interessiert mich das nicht sonderlich, solange ich die CP bekomme."

Übe deinen Vortrag vorher!

Auch hier gilt: Seminarraum schnappen und einfach an die Tafel gehen. Im Optimalfall hast du sogar die Möglichkeit, genau in dem Raum zu üben, in dem später auch das Seminar stattfinden wird. Bist du also mit deinem Vortrag soweit fertig, solltest du diesen mindestens einmal vor Publikum Probesprechen. Dadurch merkst du sehr genau, welche Stellen dir selbst noch unklar sind bzw. wirst durch dein Publikum auf Aspekte hingewiesen, die man hätte besser erklären können. Außerdem bekommst du ein Zeitgefühl. Hast du zwei Stunden gesprochen, der Vortrag soll aber nur eine Stunde Zeitraum füllen, dann weißt du, dass du noch kürzen musst. Andersherum gilt das Ganze natürlich auch.

Eine hervorragende Möglichkeit, Zeit einzusparen oder Dinge anschaulicher erklären zu können ist übrigens das Erstellen eines kleinen Handouts. So kannst du während des Vortrages beispielsweise Sätze sagen wie: „Falls jemand nicht mehr genau weiß, was ein Gruppenhomomorphismus ist, schaut einfach auf den Zettel, da habe ich die Definition noch einmal aufgeschrieben." Dies wirkt überdies auch noch besonders vorbereitet. So etwas merkt sich der Professor und wird es zu schätzen wissen, weil du dir Gedanken gemacht hast.

Allgemein gilt, dass du so wenig wie möglich dem Zufall überlassen solltest. Häufig befinden sich in den Räumen zum Beispiel nicht nur eine, sondern gleich zwei oder drei Tafeln, die hintereinander geschachtelt sind. Wer sich nicht vorher mit der Beschaffenheit der Technik auseinandergesetzt hat, schiebt sich da schon einmal ein bisschen verrückt.

Ein weiterer Punkt ist dein Schreibwerkzeug: Wenn du etwas an die Tafel schreiben möchtest, benötigst du natürlich Kreide. Stell dir folgende Situation vor: Du kommst in den Raum, der ganze Kurs ist ruhig. Nun drehst du dich zur Tafel, möchtest anfangen und stellst was fest? Richtig, keine Kreide vorhanden. Nimm die Dinge also so gut es geht selbst in die Hand!

Noch etwas zum Thema Üben: Solltest du dich auf die Klausuren dadurch vorbereiten, dass du mit deiner Lerngruppe in einem Raum mit Tafel zusammen die Aufgaben durchgehst, dann wirst du dich ohne es sonderlich stark zu merken bereits seit Monaten oder Jahren (je nachdem, wie lange du schon studierst) auf die Situation eines Seminarvortrages vorbereitet haben, weil es dazu kommen wird, dass irgendwann nicht nur das größte Mathe-Genie eurer Gruppe an der Tafel steht, sondern auch du! Man kann sich das im ersten Semester kaum vorstellen, aber man wird wirklich besser und besser und ist irgendwann sogar selbst in der Lage, anderen etwas beizubringen. Der Grund dafür ist einfach, dass man sich immer mehr an die

Denkweise, die im Mathestudium gefordert wird, gewöhnt.

Zugegeben, die spezifischen Inhalte vergisst man zumeist direkt nach der Klausur (wenn mich heute Erstsemester ansprechen und fragen „Du bist doch schon im 7. Semester und hast die Vorlesung längst abgeschlossen. Kannst du mir mal erklären, wie ich das hier löse?" muss ich in 99% der Fälle einsehen, dass ich das zwar schon einmal gesehen habe und mir auch die Begriffe bekannt vorkommen, aber wie das denn nochmal genau ging, da müsste ich mich erst einmal wieder einlesen), aber ansonsten machst du wirklich Riesenfortschritte und wirst dann auf einmal auch mal Dinge durchschaut haben, auf die andere nicht so schnell gekommen sind.

Ich meine, du musst ja nur mal mich betrachten: Ich kann mich noch daran erinnern, dass wir im ersten Semester in der Analysis-Vorlesung einen Minitest geschrieben haben (manche Professoren tun das und beziehen diese in die Bonuspunktegeschichte mit ein. Falls es solche Tests gibt, sind diese in der Regel freiwillig mitzuschreiben, also keine Sorge. ;)). In diesem Test hatte ich nicht viel mehr zustande gebracht, als meinen Namen und meine Matrikel-nummer auf das Blatt Papier zu schreiben.

Später hat sich dann herausgestellt, dass ich in diesem Test 1,5 von 16 möglichen Punkten ge-holt hatte (was übrigens erstens schon 1,5 Punk-te mehr waren als gedacht und zweitens schon mehr Punkte als 50% der anderen geholt hatten, du merkst also, dass wirklich viel, viel mehr Studenten als du vielleicht glauben magst die gleichen Startprobleme haben wie du) - und jetzt bin ich mit allen Mathe-Veranstaltungen im Bachelor durch und versuche anderen zu erklären, wie man das mit dem Mathestudium erfolgreich hinbekommt.

Ich empfehle dir allgemein also wirklich, so oft es geht vor der Tafel zu stehen und anderen etwas zu erklären. Auch die Dinge, die euch euer Gruppengenie beigebracht hat, wirst du wieder anderen beibringen können, was ich dir auch wärmstens empfehle, da du 1. immer an-deren helfen solltest, falls du es kannst und es 2. auch für dich selber eine extrem gute Übung und Vertiefung ist. Außerdem wäre es meines Empfindens auch schlicht nicht in Ordnung, dir selbst etwas beibringen zu lassen, dieses Wissen dann aber anderen, die sich in genau der gleichen Situation wie vor einigen Augenblicken noch du selbst befinden, vorzuenthalten. Erst wenn du es anderen erklärst, merkst du, ob du die Aufgabe wirklich zu 100% verstanden hast oder doch noch kleinere Fragezeichen offen geblieben sind.

9.1.1 Verlasse die Komfortzone!

Du kannst dir das mit der Nervosität wie folgt vorstellen: Warum ist Angela Merkel nicht so nervös, dass sie kaum noch stehen kann, wenn sie vor eine Menschenmenge tritt (ich habe nicht mit ihr gesprochen, gehe jetzt aber einfach einmal davon aus)? Gut, vielleicht liegt es auch an der Raute, die sie dabei eigentlich immer mit ihren Händen formt, aber der Hauptgrund wird ganz klar darin liegen, dass sie ständig Reden hält, sie hat unheimlich viel Erfahrung darin sammeln und in diesem Zusammenhang ihre persönlichen Nervositätszonen, wie ich sie jetzt einfach einmal nenne, verschieben können.

Betrachten wir dazu folgendes Schaubild:

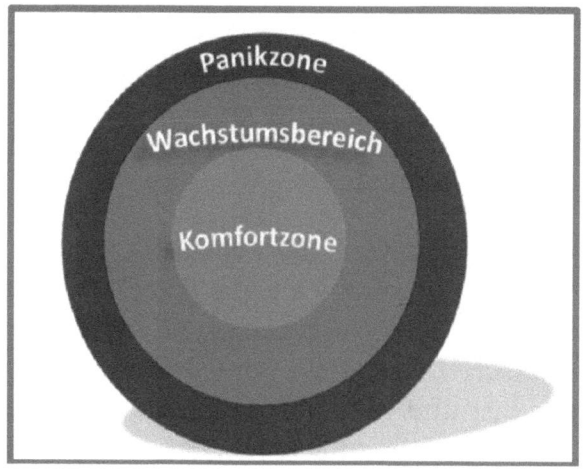

Abbildung 2: Erweiterung der Komfortzone

(Quelle: Guten-Morgen-Gazette. blueprints.)

Unser Ziel muss also darin liegen, das Halten eines Seminarvortrages in die Komfortzone zu bekommen.

Der Anfangszustand könnte zum Beispiel wie folgt aussehen:

Auf der Couch liegen und nichts tun:

→ Komfortzone. Du verspürst keine Nervosität.

Seminarvortrag vorm Professor halten:

→ Panikzone. Die Nervosität ist so hoch, dass sie dich komplett lähmt.

Wie genau könnte jetzt die Wachstumszone ausschauen? Die Wachstumszone kennzeichnet sich dadurch, dass du in einer Situation etwas nervös bist und dich nicht zu 100% wohlfühlst, die Situation aber noch meistern kannst. Das könnte beispielweise das Üben des Seminarvortrages vor deinen Freunden sein. Also im Prinzip das, was du womöglich sowieso schon seit einigen Semestern tust.

Versuche also nicht direkt von Komfort- zu Panikzone zu springen, sondern nutze die Wachstumszone, um deine Komfortzone Schritt für Schritt soweit auszudehnen, dass sie schlussendlich die Panikzone überdeckt, das Halten eines Seminarvortrages also auch vor einem Professor innerhalb deiner Komfortzone liegt.

Mal kurz nebenbei in Anlehnung an Unterkapitel 8.3.1: Was meinst du, in welcher Zone sich erfolgreiche Menschen und im allgemeinen Personen, die mit ihrem Leben uneingeschränkt zufrieden sind, oft aufhalten? In der Wachstumszone.

9.2 Verhalten während des Vortrages

Beginnen wir das Ganze aus dem Blickwinkel des Zuschauenden: Auch bei Seminarvorträgen fordere ich jeden dazu auf, seinen Mitstudenten zu helfen. Das bedeutet zum Beispiel, dass du bitte keine Fragen stellst, falls du weißt, dass diese denjenigen, der gerade vorne an der Tafel steht, unnötig nervös machen (da du dieses Buch liest, gehe ich jedoch davon aus, dass du sehr wahrscheinlich eh nicht zu diesen Personen gehörst ;)).

Für den Fall, dass du wirklich etwas wissen möchtest, kannst du hinterher immer noch den Professor oder Mitstudenten von Charakter 2 fragen. Die einzige Ausnahme, welche mir einfällt, um die Frage doch direkt zu stellen, ist die, dass du entweder weißt, dass es der den Vortrag haltenden Person nichts ausmacht, dass sie gleich keine Ahnung haben wird, oder dass sie sich sogar darüber freut, unterbrochen zu werden, etwa um eine kurze Redepause ermöglicht zu bekommen.

Betrachten wir einfach erneut meinen Proseminar-Vortrag: Gut die Hälfte der Zeit hatte ich bereits erfolgreich hinter mich gebracht, als mich der Professor zum ersten und wenn ich mich recht zurückerinnere eigentlich auch einzigen Mal unterbrach. Die Frage, die er mir stellte, hatte ich zwar verstanden, beantworten konnte ich diese allerdings nicht. Da ihn diese Sache aber gerade sehr zu beschäftigen schien, ging er nach einigen Minuten einfach selbst an die Tafel und probierte ein wenig aus, mit dem Ergebnis, dass auch er die Lösung nicht so einfach herleiten konnte. Am Ende waren zehn Minuten meiner Vortragszeit vergangen, ohne dass ich irgendetwas machen musste außer zuhören und mitdenken. Diese Pause habe ich dementsprechend sogar als durchaus angenehm betrachtet.

Nichts desto trotz kann ich mich nur wiederholen: Solange du nicht mit 100%iger Sicherheit weißt, wie dein an der Tafel stehender Gegenüber gestrickt ist, bitte keine Fragen!

Nun tauschen wir wieder die Rollen: Du bist also jetzt derjenige, der seinen Senf dazugeben soll. Meine Hinweise sind folgende:

Trage Kleidung, in der du dich wohlfühlst!

So nebensächlich dieser Aspekt auch klingen mag: Es gibt Studenten, die sich beispielsweise extra ein schickes Hemd anziehen, um möglichst seriös zu wirken. Solltest du dich darin aber eigentlich gar nicht so recht wohlfühlen, dann lass es einfach. Alle unnötigen Störfaktoren, seien sie noch so klein, solltest du gar nicht erst aufkommen lassen.

Mein Proseminar-Partner und ich haben unseren Vortrag übrigens jeweils im Fußballtrikot gehalten...

Sei immer offen und ehrlich!

Was ich mit diesem Rat meine, kannst du einfach Unterkapitel 8.6 entnehmen.

Den meisten Professoren ist es definitiv lieber, wenn jemand einfach geradeweg sagt, dass er keinen blassen Schimmer hat, als wenn versucht wird, sich irgendetwas zurecht zu reimen (was dieser überdies auch innerhalb von wenigen Sekunden merken wird, es sei denn du bist so gut darin, dass du auch Schauspieler hättest werden können).

Kapitel 10:
Allgemeine Hinweise

An dieser Stelle möchte ich nun einige Hinweise geben, welche ich für erwähnenswert halte.

10.1 Brich nicht zu früh ab!

Erfahrungsgemäß ist die Anzahl der Mitstudenten bereits innerhalb der ersten zwei Monate auf fast die Hälfte geschrumpft. Ich kenne allerdings viele „Abbrecher", die es später bereut haben. Vor allem beim Anblick der Leute, die eigentlich mit deutlich weniger mathematischem Talent gesegnet sind, es aber trotzdem geschafft haben.

Von daher mein eindringlicher Rat: Falls du das Mathestudium wirklich packen möchtest, dann brich niemals innerhalb der ersten zwei Monate ab! Der häufigste Grund, weshalb Menschen auf einem Weg scheitern, ist das sie es einfach nicht ernsthaft genug versuchen - und falls du dir noch nicht sicher bist, ob du dich für das richtige Studienfach entschieden hast, dann warte auch mindestens zwei Monate, schließlich musst du dem Fach auch eine Chance geben! Selbst wenn du absolut nichts verstehst und noch keine Lerngruppe gefunden hast, die dir hilft, hast du noch eine mehr als realistische Chance.

Der Grund dafür ist Folgender: Dadurch, dass zu einem so frühen Zeitpunkt bereits so viele Personen das Studium abbrechen, wächst der verbliebene „Rest" immer stärker zusammen, irgendwann kennst du gefühlt jede Person deines Anfangsjahrganges persönlich. Dies macht es überdies auch noch wesentlich einfacher, eine Lerngruppe zu finden, da du von den verbliebenen Personen weißt, dass jene das Mathestudium mit ähnlicher Konsequenz packen möchten wie du. Es ist dann fast unmöglich, keine Gruppe zu finden - und da ich ja der Meinung bin, dass man sowieso erst unmittelbar vor der Klausur die entscheidenden Grundlagen für das Klausurbestehen legt, ist der Zug dann auch anders als häufig behauptet in eigentlich allen Fällen längst noch nicht abgefahren. Hier ist der Satz, den du dir hinter die Ohren schreiben solltest: **Eine Chance hat man IMMER.**

10.2 Wehre dich gegen Ungerechtigkeit!

Ich erinnere mich an eine Klausur, die ich im 5. Semester geschrieben habe. Nie zuvor hatte ich es erlebt, dass so viele Personen nach nicht einmal einem Fünftel der zur Verfügung stehenden Zeit bereits abgegeben hatten. Wir fühlten uns betrogen, weil es uns so vorkam, als hätte diese Klausur absolut nichts mit dem zu tun gehabt, was wir im Laufe des Semesters vermittelt bekamen. Ich wählte nachher den Vergleich, dass ich mich fühlte wie ein Englischstudent, der auf einmal einen Text auf Italienisch vor die Nase gesetzt bekam - die wochenlange Vorbereitung wurde innerhalb von wenigen Sekunden komplett zerrissen.

Nach der Klausur gingen wir alle stocksauer nach Hause. Doch was nun geschah, enttäuschte mich. Anstatt den Professor auf die Unfairness aufmerksam zu machen, fraßen viele Mitstudenten ihren Frust in sich hinein. Von 100, die geschrieben hatten, fühlten sich 100 betrogen - doch „beschwert" hatten sich meines Wissens gerade einmal fünf. Dass man mit solch einer Passivität nichts in die Wege leiten kann, ist denke ich selbsterklärend. Also wurde im B-Termin (in der Regel gibt es für eine Vorlesung zwei Klausurtermine innerhalb eines Semesters) genauso mit uns umgegangen.

Auf Nachfrage begründeten viele Kommilitonen etwas in folgender Richtung „Ja, ich fand das zwar auch nicht in Ordnung, aber falls ich dem Professor später noch einmal in einem Seminar begegnen sollte, möchte ich nicht, dass er mich auf dem Kieker hat."

Diese Haltung wird dir gerade im Mathestudium leider sehr oft begegnen. Ich kann dich nur dringend dazu auffordern, wie die fünf aktiven Personen zu handeln. Es geht ja wirklich nicht darum, ein „Theater" zu veranstalten, aber wenn etwas nicht in Ordnung war, hat man das Recht, sachlich seine Meinung zu schildern. Denn 1. wird sich sonst auch für zukünftige Studenten nichts ändern und 2. liegt das Problem, falls eine Person bei sachlicher Kritik meint, in einem etwaigen späteren Seminar noch unfairer als in der Klausur werden zu müssen, ganz bestimmt nicht bei dir (siehe Unterkapitel 8.6). Behalte immer dein Rückgrat!

10.3 Falls dir in einer Klausur Punkte fehlen, gehe unbedingt zur Klausureinsicht!

Korrekteure sind auch nur Menschen. Dementsprechend kommt es durchaus vor, dass du einfach deshalb nicht bestanden hast, weil sich jemand verzählt hat. Das stellst du dann aber nur fest, wenn du zur Klausureinsicht gehst.

Was ab und zu leider auch vorkommt, ist das einige Korrekteure meinen, sich ein Denkmal setzen zu müssen und Punkte für Dinge abziehen, die mit „normalem Menschenverstand" nicht zu erklären sind. Auch in diesem Fall hilft die Einsicht, denn dann kannst du die entsprechenden Stellen noch einmal jemand anderem zeigen, der vielleicht eine höhere soziale Kompetenz besitzt. Das solltest du dann auch auf jeden Fall tun und dabei hartnäckig bleiben! Das heißt, falls auch eine weitere Person, die diesbezüglich etwas zu sagen hat, dir nicht weiterhelfen möchte, dann gehst du eben zu einer dritten.

10.4 Halte dich an die Gruppe!

In der Regel sind sich die Gruppenmitglieder sowieso einig, aber nur, dass ich es einmal erwähnt habe: Ich bin sehr gut damit gefahren, mich bei der Wahl meiner Vorlesungen bzw. des Zeitpunktes, in welchem Semester ich welche Vorlesung belege, an die Gruppe zu richten. Sollte deine ganze Gruppe im dritten Semester die Vorlesung „xy" belegen, du diese aber eigentlich erst im vierten geplant haben, dann empfehle ich dir, diese vorzuziehen und deinen Studienplan ein wenig anzupassen. Es bringt dir nichts, wenn du auf deine Planung beharrst, dann aber in der Vorlesung überhaupt nicht zurecht kommst, weil du feststellen musst, dass du alleine nicht weit kommst. Also, sprecht euch am besten ab!

10.5 Informiere dich bezüglich der Wahlpflichtbereiche!

Allzu viele Wahlmöglichkeiten hast du im Mathestudium in der Regel nicht. Hin und wieder gibt es sie dann aber doch und dann ist es wichtig, dass du dir erstens deiner Ziele bewusst wirst und du zweitens vorausschauend denkst.

An meiner Uni war es so, dass man nach erfolgreichem Abschluss der Linearen Algebra und Geometrie- sowie der Analysis-Module in beiden Bereichen noch eine vertiefende Vorlesung belegen musste. Von diesen zwei vertiefenden Vorlesungen musstest du allerdings nur in einer eine Klausur bestehen, in der anderen reichte das Erlangen eines Übungsscheines. Diese Übungsscheine können ein absolutes Geschenk sein. Meistens ist solch ein Schein dann bestanden, wenn man eine bestimmte Prozentzahl der Übungszettelpunkte erreichen konnte und zusätzlich einmal in der Übungsgruppe etwas an der Tafel vorgerechnet hat (dieses eine Mal müsstest du dann also doch definitiv hingehen).

Manchmal kommt es aber auch vor, dass dir ein netter Professor das Geschenk macht, dass du den Schein sogar ohne Vorrechnen bekommst und nur eine bestimmte Anzahl an Übungszettelpunkten benötigst. Auf so etwas musst du vorbereitet sein. Schau dir also genau an, welche Vorlesungen es in den Wahlpflichtbereichen gibt und welche Voraussetzungen du für das

Ziel der Übungsscheinerlangung erfüllen musst. Schritt 2 bestünde anschließend natürlich in der Prüfung, wer denn sonst noch diese Vorlesung belegen wird. Schließlich bringt dir das Ganze nur etwas, wenn du auch Lösungen einreichen kannst...

Nun zum zweiten Teil der Geschichte: Vorausschauendes Denken.

Ich empfehle dir, bei allem, was du tust, das langfristige Ziel **stetig** (wer bereits einige Semester studiert hat, fasst auch dieses Wort aller Voraussicht nach leider schon als Mathewitz auf) im Blick zu haben. Bürdest du dir durch die Annahme des Geschenkes auf lange Sicht sogar einen schwierigeren Weg auf, so solltest du die Finger davon lassen. Dieser schwierigere Weg kann zum Beispiel so aussehen, dass du durch einen Übungsschein dazu gezwungen bist, im anderen Bereich eine äußerst anspruchsvolle Klausur zu schreiben, sodass du dir im Nachhinein denkst „Hätte ich mal lieber doch hier den Schein genommen und in der anderen Vorlesung die Klausur geschrieben." Manchmal gibt es auch Regelungen, dass du zum Beispiel in einem späteren Master keine mündliche Prüfung in einer Vorlesung machen darfst, in der du dich im Bachelor für den Übungsschein entschieden hast. Das sind mögliche Faktoren, die du definitiv berücksichtigen solltest.

10.6 Messe der Ausdrucksweise des Professors nicht zu viel Bedeutung bei!

Du wirst sehr schnell feststellen, dass an der Uni selbst einfachste Themen oder Inhalte in der Vorlesung sehr kompliziert und formal ausgedrückt werden. Ich beispielsweise kam zu dem Entschluss, dass ich etwa die Ableitungsregeln, so wie der Professor sie an die Tafel geschrieben hatte, niemals verstanden hätte, obwohl mir diese in der Schule innerhalb von überschaubaren Minuten klar waren. Von daher: Sei nicht verzweifelt, falls du etwas nicht auf Anhieb verstehst (ist deine Begabung vergleichbar mit meiner, wird das zu Beginn in etwa 80% des vom Professor Dargestellten der Fall sein). Frag einfach deine Mitstudenten, teilweise sind es lächerlich einfache Inhalte.

10.7 Lasse dich nicht von sich „aufspielenden Mitstudenten" abschrecken!

Ja, diese Mitstudenten gibt es leider auch: Leute, die aus welchen Gründen auch immer ein Problem damit haben, sich einzugestehen, dass sie eine Sache nicht gepeilt haben und jene dann so verkaufen, als hätten sie diese verstanden. Das sieht dann vor allem so aus, dass mit irgendwelchen Fachbegriffen um sich geworfen wird. Wenn man die entsprechenden Personen dann fragt, ob sie es einmal erklären können, stellst du das fest, was du jetzt schon erahnen kannst: Sie sind nicht in der Lage dazu.

Von daher:

1. Man hat etwas nur richtig verstanden, wenn man es auch erklären kann.

2. Mache dich nicht kleiner als du bist! Viele übermächtig erscheinende Mitstudenten sind gar nicht so übermächtig.

10.8 Habe keine Angst, auch in der Vorlesung Fragen zu stellen!

Ich möchte ehrlich sein, auch zur Vorlesung bin ich nicht sonderlich häufig gegangen. Mir persönlich hat es einfach nicht viel gebracht, da man ja sowieso kaum ein Wort versteht. Solltest du aber hingehen, dann scheue dich nicht, auch dort Fragen zu stellen, falls dir etwas unklar ist! Es gibt keine dummen Fragen. Manchmal hat sich der Professor auch einfach nur verschrieben. Selbstbewusstsein hilft dir im Mathestudium enorm, wie bei eigentlich allem im Leben.

Für den äußerst seltenen Fall, dass dich tatsächlich jemand auslacht, solltest du dem Verhalten dieser Person nicht sonderlich viel Beachtung schenken. Wichtig ist, dass du dein Ding durchziehst und immer das Selbstvertrauen hast, dich durch nichts und niemanden von deinem Weg abbringen zu lassen.

10.9 Verschenke keine Prüfungsversuche!

Kannst du dich noch an Unterkapitel 8.1 erinnern? Dort habe ich dir gesagt, dass es äußerst wichtig ist, sich bewusst zu machen, dass eine Klausur eben NUR EINE KLAUSUR ist. Das heißt allerdings nicht, dass du einen Klausur-

versuch einfach auf gut Glück ohne Vorbereitung mitschreiben solltest, auch wenn das im
Laufe des Buches denke ich bereits ausreichend
oft unterstrichen wurde.

Nach einer neuen Prüfungsordnung stehen uns
Studenten nur noch drei Prüfungsversuche zu,
was so viel bedeutet wie: Fällst du dreimal
durch eine Klausur bzw. ein Modul, dann war´s
das mit deinem Mathestudium (bis auf wenige
Ausnahmen) und du bist für diesen Studiengang auch an den anderen deutschen Unis ge-
sperrt. Meines Erachtens ist daher der erste Prüfungsversuch zugleich der Wichtigste, denn
sollte dieser nicht erfolgreich verlaufen, so hast
du beim zweiten Mal schon ziemlichen Druck,
möchte man sich doch eine Alles-oder-Nichts
Situation ersparen.

Ich rate dir daher dringlichst, dir gut zu überlegen, welche Klausur du mitschreibst und welche lieber erst einmal noch nicht.

In Mathe gibt es ab und zu auch folgendes
„Angebot": An manchen Unis setzt sich ein
Modul aus zwei aufeinanderfolgenden Vorle-
sungen zusammen. So kann es beispielsweise

sein, dass das Modul „Lineare Algebra und Geometrie 1 und 2" heißt und so konzipiert ist, dass in einem Semester die Lineare Algebra und Geometrie 1-Klausur geschrieben wird und im darauffolgenden die Lineare Algebra und Geometrie 2-Klausur. Der Modulversuch wird in solch einem Fall häufig erst dann gewertet, wenn an beiden Klausuren teilgenommen wurde (sichere dich aber vorher 100%ig ab, dass das auch wirklich so ist!). In solch einem Fall ist meine Empfehlung, die erste Klausur auf jeden Fall mitzuschreiben. Denn wann hast du schon einmal die Möglichkeit, ohne eine Drucksituation ein Bild von einer Klausurstruktur erhalten zu können?

In Zusammenhang mit dem Titel dieses Unterkapitels möchte ich abschließend noch darauf hinweisen, dass du dich **SOFORT** für eine Klausur abmelden solltest, falls du für diese angemeldet bist und feststellst, dass sie doch noch zu früh kommt oder du aus sonstigen Gründen nicht mitschreiben möchtest. Bist du nämlich im offiziellen Verzeichnis der Uni für die Klausur angemeldet und erscheinst einfach nicht am Klausurtag, so wird dir ein „nicht bestanden" eingetragen! Klar, solltest du krank oder aus anderen triftigen Gründen nicht in der

Lage gewesen sein zu erscheinen, kann dich ein Attest retten, aber es gibt genügend Studenten, die eine Abmeldung schlicht verpennt und somit einen Versuch hergeschenkt haben (mir wäre das im Übrigen auch schon einmal fast passiert).

10.10 Lasse dich nicht von der Regelstudienzeit treiben!

Selbst vielen Professoren ist klar, dass bestimmte Studiengänge oder Fächerkombinationen nahezu gar nicht in sechs Semestern zu schaffen sind. Ein Blick in die Statistik wird dies bestätigen. Ich sehe auch gar keinen nennenswerten Vorteil, den jemand, der seinen Bachelor in sechs Semestern meistert, einer Person, die z.B. acht Semester benötigt, voraus hat. Das Studium wird einer der schönsten Abschnitte in deinem Leben sein, also lass dich nicht unnötig stressen und genieße die Zeit!

In Bochum ist zum Beispiel vielen Studenten gar nicht bewusst, dass die Ruhr-Uni nur einige hundert Meter von den allermeisten Gebäuden entfernt über einen wunderschönen Botanischen Garten verfügt, weil sie sich so von der Leistungsgesellschaft anstecken lassen. So einer solltest du meiner Meinung nach nicht werden, es steht in keinem Verhältnis.

Außerdem bitte ich dich zu berücksichtigen, dass du als Student einzigartige Möglichkeiten hast, die selbst für die stressigsten Klausurphasen entschädigen. Ich erinnere mich zum Beispiel noch gut daran, wie ich zusammen mit drei Freunden einfach einmal unter der Woche nach München zu einem Champions-League-Achtelfinalspiel gefahren bin. Im späteren Berufsleben ist so ein Vorhaben in der Regel deutlich schwieriger umsetzbar.

Wer sich aber einredet, er dürfe keine Freizeit haben (was auf jeden Fall möglich ist, denn streng genommen findet man immer irgendetwas, was man lernen könnte) bucht das Ticket zur Unzufriedenheit.

Von daher: Falls du es in sechs Semestern schaffst, Herzlichen Glückwunsch! Eine längere Studienzeit ist aber wirklich kein Beinbruch.

10.11 Viele Wege führen nach Rom...

Ich bin wirklich fest davon überzeugt, dass jeder das Mathestudium mithilfe einer starken Lerngruppe schaffen kann, JEDER. Solltest du aber beispielsweise 1-Fach-Mathematik studieren und dich nicht zu 100% wohlfühlen, gleichzeitig aber auch nicht auf die Mathematik verzichten wollen, dann spricht auch nichts dagegen, einfach ein zweites Fach hinzuzunehmen. Auf diese Art und Weise ist der Mathe-Anteil deines Studiums um ungefähr die Hälfte reduziert, trotzdem erhältst du dir damit die Chance, später beruflich in dieser Branche tätig zu sein.

Oder betrachten wir Folgendes Szenario: Du bist in einer Klausur bereits zweimal durchgefallen und hast nun nur noch einen Prüfungsversuch übrig. Falls du wissen solltest, dass diese Klausur an einer anderen Uni wesentlich leichter ist, ist es auch keine Schande, den Studienort noch einmal zu wechseln. Es wird einfach immer so sein, dass einige Universitäten bzw. bestimmte Fakultäten einer Uni manchmal zum Beispiel auch nicht unbedingt anspruchsvoll, sondern eher studentenunfreundlich und unfair sind. Wieso solltest du dann nicht zu einer Uni gehen, an der du dein Engagement stärker gewürdigt bekommst?

Prinzipiell sollte die „Wertigkeit" deines Abschlusses immer hinter der Tatsache stehen, dass du glücklich bist und gerne an einer bestimmten Einrichtung studierst. Damit meine ich Folgendes: Gilt es als etwas Besonderes, seinen Abschluss in Oxford erreicht zu haben, du fühlst dich aber an einer weniger renommierten Uni wohler, dann rate ich dir dringend, dich auf den im Auge der Öffentlichkeit eher „einfacheren" Abschluss an der unbekannteren Uni zu fokussieren.

Vielfach gibt es auch die Möglichkeit, sich als Zweithörer an einer anderen Uni einzuschreiben und sich eine Vorlesung dann an der eigenen anrechnen zu lassen. Von daher meine Botschaft: Auch wenn es einmal nicht so läuft, stecke den Kopf nicht in den Sand! Es gibt einige Möglichkeiten, seine Träume zu erreichen. Du musst nur grenzenlos denken und immer auf dein Herz hören!

10.12 Falls du doch gerne mehr als einfach nur bestehen möchtest...

Falls du doch nicht damit zufrieden bist, „nur eine 4,0" zu schreiben (klar, geweint habe ich jetzt auch nicht, wenn es sogar eine 3,0 wurde, aber ich meine in diesem Unterpunkt, falls du bessere Noten im Mathestudium zielgerichtet anvisierst), möchte ich dir folgenden Tipp geben, der mich beim Sport sehr weitergebracht hat: Denke niemals in Schranken, sondern grenzenlos! Versuche das Unvorstellbare zu erreichen, um das Maximum herauszuholen! Lies dir den Satz bitte noch einmal durch, denn er ist wirklich wichtig.

Das Unvorstellbare anpeilen, um das Maximum herauszuholen.

Wie ich das im Sport anwende, möchte ich nun kurz an einem Beispiel erklären. Als ich vor etwas mehr als einem halben Jahr angefangen hatte, auf das Ziel zu trainieren, meine 5 km-Zeit beim Laufen auf 20 Minuten zu drücken, trainierte ich trotzdem auf einen 19 Minuten-Plan. Die 19 Minuten konnte ich zwar nicht packen, aber was am 21.05.2016 beim Bocholter

Citylauf (mein Lieblingslauf) geschah, ist das ich nach 19:16 über die Ziellinie lief. Ich war also 44 Sekunden schneller, als wenn ich mich mit den 20 Minuten zufrieden gegeben hätte.

Falls du jetzt also beispielsweise eine Klausur bestmöglich bestehen möchtest und eine 3,0 für realistisch hältst, empfehle ich dir trotzdem, eine 2,0 anzuvisieren. Was nach meiner Erfahrung in geschätzt 90% der Fälle passieren wird, ist das du die 2,0 vielleicht nicht erreichst, aber etwa bei einer 2,3 landest. ;)

Verbanne einfach die Frage „Warum sollte das möglich sein?" aus deinem Denken und ersetze diese durch „Warum sollte das NICHT möglich sein?"

10.13   Zum Thema „Spicken"

Man mag mir ja vorwerfen können, dass ich während des Semesters die ein oder andere Übungszettelaufgabe hin und wieder einfach nur abgeschrieben habe.

Ich habe allerdings noch nie in meinem Leben gespickt, weder in der Schule, noch hier an der

Uni! Jede bestandene Klausur meines Lebens habe ich mir schlussendlich durch einen teils sehr, sehr hohen Lernaufwand erarbeitet.

Ich möchte dir nun auch erzählen, weshalb ich Spicken für extrem frech und nicht akzeptabel halte.

Ich habe es so oft erlebt, dass manche Leute über einen Zeitraum von mehreren Wochen sehr fleißig lernen und dann sogar mit einer schlechteren Note aus der Klausur gehen als Leute, die gar nicht gelernt haben, nur weil diese Personen einen Spicker verwendet haben. Oder die fleißigen Lerner bestehen sogar eine Klausur gar nicht, weil die „Betrüger" den Schnitt so sehr angehoben haben, dass der Professor keine Notwendigkeit mehr sieht, die Bestehensgrenze anzupassen. Meistens kommen sich solche Menschen auch noch unheimlich clever dabei vor und denken nicht einmal ansatzweise darüber nach, welche Konsequenzen ihr Verhalten für andere nach sich zieht.

Abgesehen von meiner Überzeugung, dass sich früher oder später sowieso die wirkliche Qualität und vor allem die Begeisterung für eine Sa-

che durchsetzen wird und nicht zwangsläufig
die bessere Note, habe ich mich über das Verhalten solcher Menschen innerlich immer
wahnsinnig geärgert.

10.14 Das Zwischenmenschliche ist in nicht zu beschreibenden Maße wichtiger als das Fachliche.

Diesen Punkt solltest du bei allem, was du tust,
immer im Hinterkopf behalten. Deshalb schlie-
ße ich die ersten zehn Kapitel des Buches auch
mit jenem Satz ab.

Kapitel 11:
Häufige Schwierigkeiten im
1. Semester

Was häufig passiert, ist dass sich Studenten über die mit dem Studium einhergehenden neu gewonnenen Freiheiten erst einmal freuen - und dann plötzlich feststellen müssen, dass diese gerade zu Beginn auch sehr belastend sein können.

In der Schule war dir ein **klarer Rhythmus** vorgegeben, der ungefähr so skizziert werden kann: Schule - Mittagpause - Freizeit. An der Uni schaut dass anders aus. Mal findet die Veranstaltung von 8:00-10:00 statt, mal musst du erst um 16:00 Uhr da sein und an anderen Tagen vielleicht sogar gar nicht. Dazu kommt, dass in vielen Veranstaltungen keine Anwesenheitspflicht herrscht.

Das alles führt dazu, dass sich sehr viele Studenten schwer damit tun, einen Rhythmus in die Tagesabläufe hineinzubekommen. Dies kann sehr zermürbend sein und in hoher, dauerhafter Müdigkeit enden. Bezogen auf Mathe möchte ich in diesem Zusammenhang betonen, dass gerade jetzt diese ganzen nicht sonderlich fundierten Halbwahrheiten, die einem oft gesagt werden, Gift sind. Wenn man sich einfach zu nichts motivieren kann, sich innerlich leer fühlt und dann durch unnötig Sorgen und „Panik" streuende Personen immer und immer wieder darauf hingewiesen wird, dass man doch als Mathestudent keine Freizeit haben dürfe, ansonsten bestehe man das Studium nicht, dann verursacht das nur noch weniger Antrieb und mündet darin, dass sich eine Person todunglücklich fühlen kann.

Zurück zu den unregelmäßigen Tagesabläufen: Falls dir diese zu schaffen machen, solltest du demnach daran arbeiten, wieder in einen Rhythmus zu finden. Überlege einfach, wie du den Ablauf dem alten annähern könntest. Ich hatte beispielsweise in meiner Heimat elf Jahre in einem Verein Fußball gespielt und war es demnach gewohnt, mich zwei- bis dreimal die Woche abends nach der Schule auf den Weg Richtung Fußballplatz zu machen. Da dieser jetzt wegfiel, bin ich einfach irgendwann zu einem Bochumer Fußballverein gegangen und habe gefragt, ob ich nicht bei ihnen mittrainieren könne (an dieser Stelle noch einmal Herzliche Grüße an RW Stiepel 4). Schon hatte ich nicht nur einen Bestandteil meines ehemaligen Tagesablaufes zurückgewonnen, sondern auch noch neue Leute kennengelernt.

Nun zum Thema **Umzug**:

Längst nicht jeder, der anfängt zu studieren, muss für das Studium auch umziehen. Wer jedoch umzieht, hat erst einmal auch einigen Papierkram zu bewältigen. Nachdem eine Wohnung gefunden wurde, muss diese zum Beispiel auch noch bei der Stadt angemeldet werden, man hat sich eventuell um einen BAföG-Antrag zu kümmern usw.

Von solchen Sachen solltest du dich erst recht nicht aufhalten lassen, schließlich sind das Dinge, die schnell vorübergehen. Ist die Wohnung angemeldet, hast du diesen Punkt abgehakt, er wird schon im 2. Semester nicht mehr auf dich zukommen.

Dann ist da noch dieses Heimweh, das bei manchen Studenten aufkommt : Generell solltest du auch hier niemals voreilig handeln! Sollte es aber absolut nicht mehr gehen, möchte ich dir mit auf den Weg geben, dass es keine Schande ist, noch einmal um- oder zu den Eltern zurückzuziehen. Einige meinen leider, dass sie anderen Leuten (z.B. ihren Eltern) etwas beweisen müssen und deuten einen erneuten Umzug als ein Zeichen von Schwäche. Ich sehe dies gänzlich verschieden und darin eher ein Zeichen von Charakterstärke, weil du dein Problem erkannt hast und genau weißt, was du möchtest.

Zusammenfassend möchte ich deutlich unterstreichen, dass sich die allermeisten Probleme mit der Zeit einrenken, du wirst es sehen. Wichtig ist nur, dass du niemals anfängst, dich zurückzuziehen, sondern immer, seien es noch so kleine Probleme, dass Gespräch mit anderen suchst. Je mehr du deinen Kummer in dich hineinfrisst, desto geringer wird dein Antrieb werden.

Kapitel 12:
Jobaussichten

Wie ich mittlerweile bereits mehrfach verdeutlicht habe, bin ich der Meinung, dass man etwas niemals alleine aufgrund des Finanziellen tun sollte. Nichts desto trotz möchte ich zumindest erwähnt haben, dass Mathematiker im Durchschnitt sehr gut verdienen.

Ähnlich sieht es bei den Jobaussichten aus. Jemand, der einen Abschluss in Mathe erlangen konnte, kann sich quasi zu 100% sicher sein, damit irgendeine Arbeitsstelle zu finden.

Am meisten möchte ich jedoch auf folgenden Punkt hinweisen: Ein Mathestudium ist niemals sinnlos gewesen (wie streng genommen sowieso keine Erfahrung sinnlos ist, schließlich erweiterst du durch jede deinen Horizont). Selbst falls du später für dich zu dem Entschluss kommst, dass du doch lieber in einer komplett anderen Branche tätig sein möchtest, für die das Mathestudium gar keine Voraussetzung gewesen wäre, hast du im Laufe des Studiums Fähigkeiten erlangt bzw. geschult, die ein Arbeitgeber zu schätzen weiß, wie beispielsweise enormes Durchhaltevermögen oder die Eigenschaft, sich auch über einen Zeitraum von mehreren Stunden mit höchster Konzentration systematisch und strukturiert mit einer Aufgabenstellung zu befassen.

Außerdem hat jeder, der einen Abschluss in Mathe erreicht, ein außergewöhnliches Maß an Fleiß, Disziplin und Leistungsbereitschaft bewiesen, egal, ob er zum Beispiel auch während des Semesters durchgängig unzählige Stunden auf das alleinige Lösen der Übungszettel verwendet oder eher gemäß meiner „Road to 4,0" studiert hat.

Von daher: Auch wenn du in der unmittelbaren Klausurvorbereitung auch mal den ein oder anderen Samstagabend in der Bibliothek verbringen solltest, du bekommst sehr, sehr viel zurück - während deiner Studienzeit und auch danach!

Kapitel 13:
Praxis-Abschnitt

Im folgenden Kapitel findest du nun einige Beispielaufgaben, die dir in derartiger oder ähnlicher Form in nahezu jedem Mathestudium begegnen werden. Bei der Erstellung der Aufgaben habe ich mich an Aufgaben orientiert, die ich zu Beginn meines Studiums zum Üben bekommen hatte. Da ich diese Beispielaufgaben selbstständig gelöst habe, übernehme ich keine 100%ige Gewähr auf Richtigkeit. ;-) Teilweise sind es auch einfach nur kurze Informationen oder Ansätze, aber ich glaube trotzdem, dass sie dir weiterhelfen können.

Achja: Da ich aus der Erfahrung einer Facharbeit weiß, wie aufwendig das Eintippen von mathematischen Zeichen sein kann, habe ich die Beispielaufgaben handschriftlich gelöst, zugleich aber besondere Anstrengungen unternommen, möglichst leserlich zu schreiben. Falls ich mich einmal verschrieben habe, wurden die entsprechenden Stellen allerdings einfach durchgestrichen und nicht ein komplett neues

Blatt genommen, nur damit es überperfekt aussieht. Schließlich sind wir alle Menschen - und Menschen machen nun einmal Fehler.

13.1

Abbildungen- Injektivität, Surjektivität, Bijektivität

Eine Abbildung ist im Prinzip nichts anderes als eine <u>Funktion</u>.

Wichtig ist, dass dabei jedem Element der einen Menge (<u>unabhängige Variable</u>) durch die Funktion ◆ höchstens ein Element der anderen Menge (<u>abhängige Variable</u>) zugeordnet wird.

<u>Beispielskizzen</u>:

Dies ist eine Abbildung, da jedem x-Wert genau ein y-Wert zugeordnet wird.

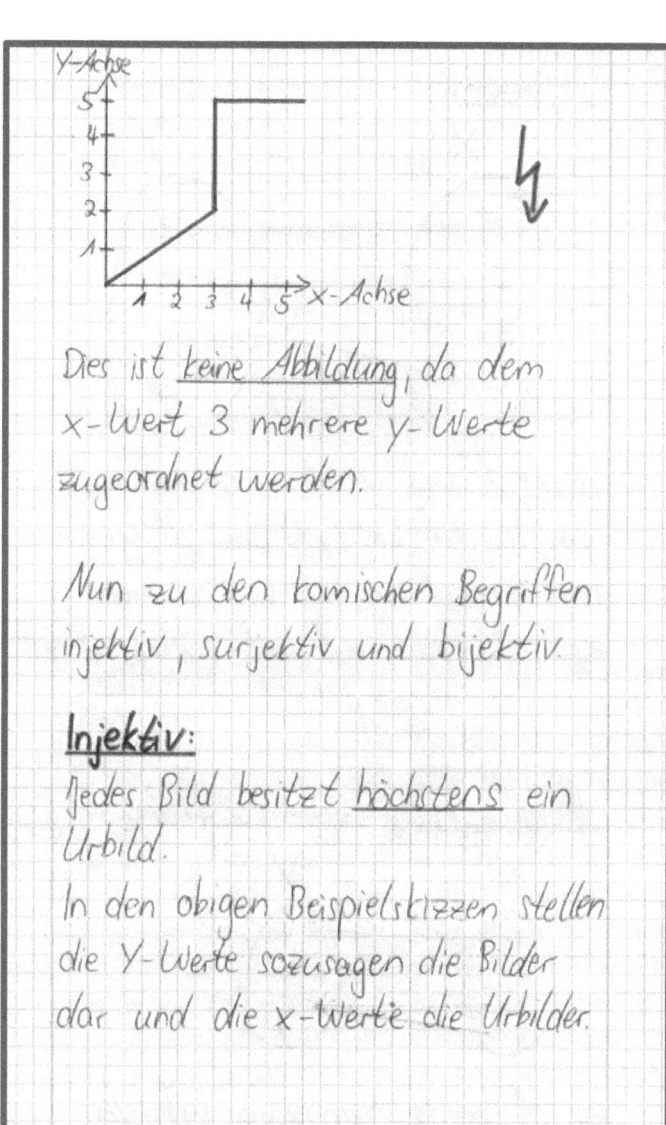

Dies ist _keine Abbildung_, da dem x-Wert 3 mehrere y-Werte zugeordnet werden.

Nun zu den komischen Begriffen injektiv, surjektiv und bijektiv.

Injektiv:

Jedes Bild besitzt _höchstens_ ein Urbild.

In den obigen Beispielskizzen stellen die Y-Werte sozusagen die Bilder dar und die x-Werte die Urbilder.

<u>Skizzen</u>:

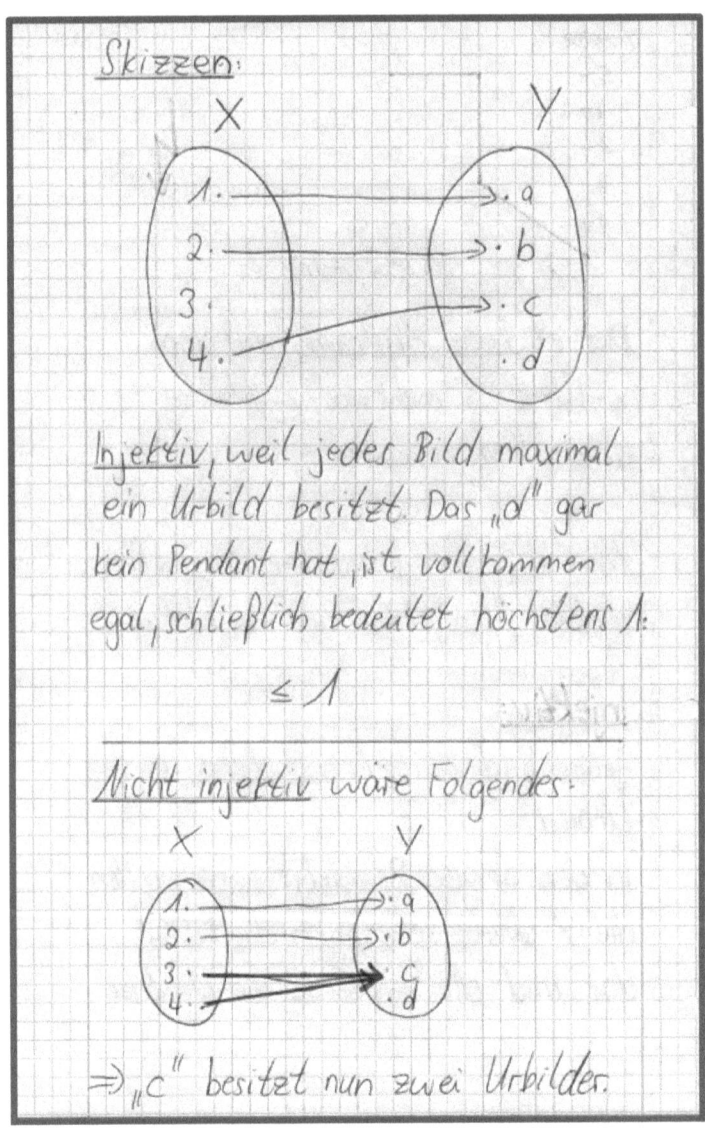

Injektiv, weil jedes Bild maximal
ein Urbild besitzt. Das „d" gar
kein Pendant hat, ist vollkommen
egal, schließlich bedeutet höchstens 1:

$$\leq 1$$

<u>Nicht injektiv</u> wäre Folgendes:

$\Rightarrow$ „c" besitzt nun zwei Urbilder.

Surjektiv:

Jeder Bild besitzt _mindestens_ ein Urbild.

Heißt also nun in etwas lockerer formuliert: ≥ 1.

Skizzen:

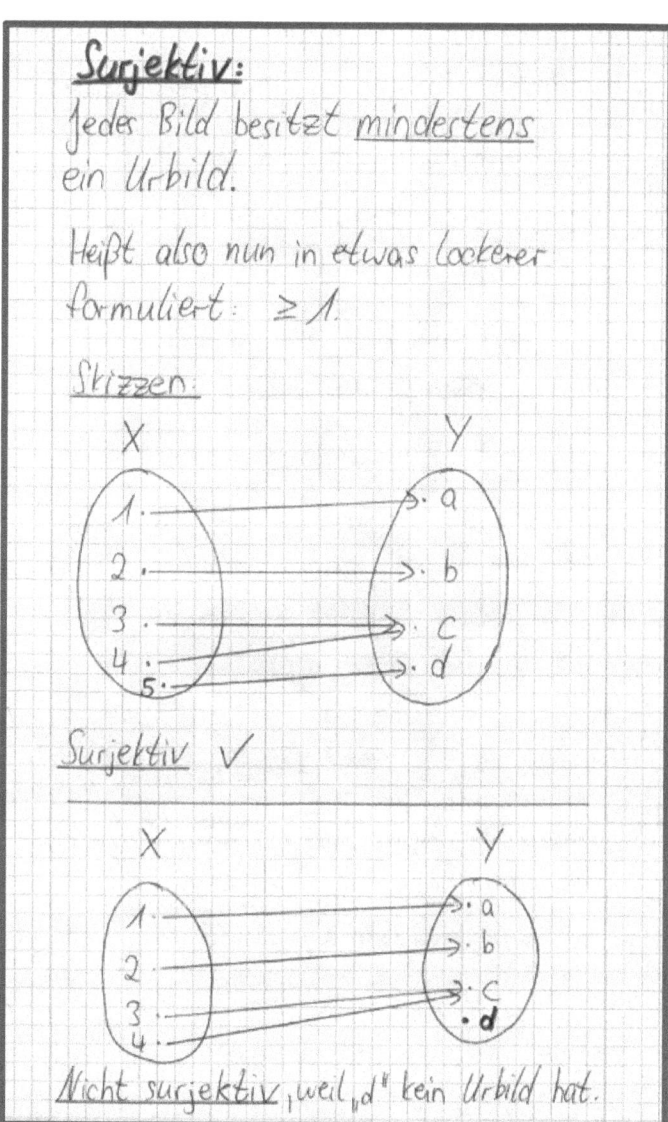

Surjektiv ✓

Nicht surjektiv, weil „d" kein Urbild hat.

Bijektiv:

Jedes Bild besitzt <u>genau</u> ein Urbild.

Mit anderen Worten:

  Injektiv + Surjektiv.

<u>Skizze:</u>

13.2

Mengenlehre

<u>Beispielaufgabe 1:</u>

Sei Y eine Menge und D,E seien
Teilmengen der Menge Y.
Folgende Gleichung soll nun widerlegt
werden:

$$Y \setminus (D \cap E) = (Y \setminus D) \cap (Y \setminus E)$$

Es reicht bei Gleichungen aus, **ein
Gegenbeispiel** zu konstruieren, um
jene zu widerlegen. Denn dann ~~nicht~~ sind
diese allgemein nicht gültig und können
nicht einfach als allgemeine Gesetzmäßigkeit
aufgeschrieben werden.

<u>Mögliches Gegenbeispiel:</u>
Sei Y folgende Menge:

$$Y = \{1, 2, 3, 4, 5\}$$

Außerdem seien $D = \{1, 2\}$ und $E = \{2, 3\}$.

184

In diesem Fall ergibt sich Folgendes:

- $D \cap E = \{2\} \Rightarrow Y \setminus (D \cap E) = \{1,3,4,5\}$

- $Y \setminus D = \{3,4,5\}$ $Y \setminus E = \{1,4,5\}$
  $\Rightarrow (Y \setminus D) \cap (Y \setminus E) = \{4,5\}$

$$\{1,3,4,5\} \neq \{4,5\}$$

Beispielaufgabe 2

Seien B, C, D endliche Teilmengen
der Menge $\mathbb{Z}$.

(Z2): $|B \cap C \cap D| = |B| + |C| + |D| - |B \cup C|$
$\qquad\qquad - |C \cup D| - |B \cup D| + |B \cup C \cup D|$

__Beweis:__

Setze $C \cap D = E$.

$\Rightarrow |B \cap E| = |B| + |E| - |B \cup E|$

$\boxed{\begin{array}{l} \text{da} \quad |B \cup E| = |B| + |E| - |B \cap E| \quad /+ |B \cap E| \\ \Longleftrightarrow |B \cup E| + |B \cap E| = |B| + |E| \quad /- |B \cup E| \end{array}}$

$$\Leftrightarrow\ |B \cap E| = |B| + |E| - |B \cup E|$$

$E = C \cap D$

$$\overset{E=C\cap D}{=} |B| + |C \cap D| - |B \cup (C \cap D)|$$

$$= |B| + |C| + |D| - |C \cup D| - |B \cup (C \cap D)|$$

$$= |B| + |C| + |D| - |C \cup D| - |(B \cup C) \cap (B \cup D)|$$

$$= |B| + |C| + |D| - |C \cup D| - |B \cup C| - |B \cup D|$$
$$\quad + |B \cup C \cup D|$$

$$= |B| + |C| + |D| - |B \cup C| - |C \cup D|$$
$$\quad - |B \cup D| + |B \cup C \cup D|$$

Enorm helfen können immer wieder
auch Skizzen. Verstehst du
beispielsweise nicht, weshalb

$$|B \cup E| = |B| + |E| - |B \cap E|$$

gilt, so mache dir Folgendes klar:

„$B \cup E$" bedeutet so viel wie

„B oder E."

Dieses „oder" ist allerdings ein „nicht
ausschließendes oder".

<u>Skizze:</u>

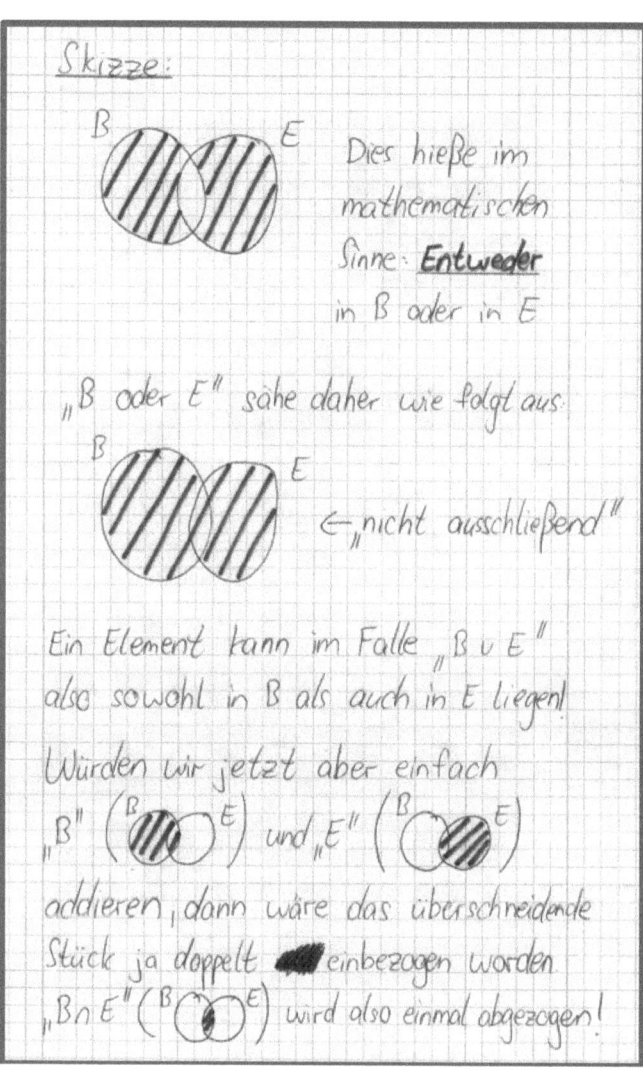

Dies hieße im mathematischen Sinne: **Entweder** in B oder in E

„B oder E" sähe daher wie folgt aus:

← „nicht ausschließend"

Ein Element kann im Falle „B ∪ E" also sowohl in B als auch in E liegen!

Würden wir jetzt aber einfach „B" und „E" addieren, dann wäre das überschneidende Stück ja doppelt einbezogen worden. „B ∩ E" wird also einmal abgezogen!

13.3

Beweisverfahren der vollständigen Induktion

<u>Zu beweisen</u>:

Für $x \geq 1$ gilt: $\sum\limits_{k=1}^{x} k^3 = \dfrac{x^2 \, (x+1)^2}{4}$

<u>Beweis:</u>

<u>Induktionsanfang</u>: $x = 1$

Ich beginne bei 1, da oben steht: $x \geq 1$

$\sum\limits_{k=1}^{1} k^3 = \rule{1cm}{0.3cm} \quad 1^3 \underline{\underline{= 1}}$

$\dfrac{1^2 \, (1+1)^2}{4} = \dfrac{1 \cdot 4}{4} \underline{\underline{= 1}}$

Wir wissen nun, das obige Aussage
für den Wert $x=1$ stimmt, da der
Wert der linken Seite **der** Gleichung
in diesem Fall dem der rechten Seite
der Gleichung entspricht.

$\square$

<u>Induktionsvoraussetzung</u>:

Es gelte für ein $x \geq 1$: $\sum\limits_{k=1}^{x} k^3 = \dfrac{x^2 (x+1)^2}{4}$

↓

Also einfach
das hinschreiben,
das oben steht!

<u>Induktionsschluss</u>: $A(x) \implies A(x+1)$

Bei diesem Schritt geht es nun darum,
von der Richtigkeit <u>einer Aussage</u>
auf die Richtigkeit der allgemeinen
Aussage schließen zu können.

Die Richtigkeit einer Aussage wurde
im Induktionsanfang bewiesen.

<u>Zu zeigen ist also nun</u>:

$$\sum\limits_{k=1}^{x+1} k^3 = \frac{(x+1)^2 (x+1+1)^2}{4} = \frac{(x+1)^2 (x+2)^2}{4}$$

$\forall \quad x \geq 1$.

↑

($\hat{=}$ „für alle")

$$\sum_{k=1}^{x+1} k^3 = \sum_{k=1}^{x} k^3 + (x+1)^3$$

$$\stackrel{IV}{=} \boxed{\frac{x^2(x+1)^2}{4}} + (x+1)^3$$

da laut Induktionsvoraussetzung:

$$\sum_{k=1}^{x} k^3 = \frac{x^2(x+1)^2}{4}$$

$$= \frac{x^2(x+1)^2}{4} + (x+1)^2(x+1)$$

$$= \frac{x^2(x+1)^2}{4} + \frac{4 \cdot (x+1)^2(x+1)}{4}$$

$$= \frac{x^2(x+1)^2 + 4(x+1)(x+1)^2}{4}$$

$$= \frac{(x+1)^2 [x^2 + 4(x+1)]}{4}$$

$$= \frac{(x+1)^2 \boxed{(x^2 + 4x + 4)}}{4}$$

↑

1. Binomische Formel !

↓

$$= \frac{(x+1)^2 (x+2)^2}{4}$$

13.4

Komplexe Zahlen

a) $(1+i) \cdot (2+i) \cdot (3+4i) + 1$

$= (2+i+2i+i^2) \cdot (3+4i) + 1$

$= (2+3i+i^2) \cdot (3+4i) + 1$

$\uparrow$

$i^2 = -1$

$= (2+3i-1) \cdot (3+4i) + 1$

$= (1+3i) \cdot (3+4i) + 1$

$= 3+4i+9i+12i^2+1$

$= 4+13i+12i^2$

$i^2 = -1$

$\underset{=}{\downarrow} \quad 4+13i+12 \cdot (-1)$

$= 4+13i-12$

$= -8+13i$

$\uparrow \qquad \uparrow$
$R \qquad I$

b) $\underbrace{(7-11i) \cdot (7+11i)}_{} + 1$

Anwenden der
3. Binomischen Formel
$((a-b)(a+b) = a^2-b^2)$

$= 49-121i^2+1$

$= 49-121 \cdot (-1) +1 \qquad da \quad i^2=-1$

$= 171+0 \cdot i$

c) $(1+i)^{-1} + 1$

$= \dfrac{1}{1+i} + 1$

$= \dfrac{1}{1+i} \cdot \boxed{\dfrac{1-i}{1-i}} + 1$

↑

An dieser Stelle multipliziere ich mit 1 (da der Wert des Zählers exakt dem des Nenners entspricht), um im Folgenden im Nenner von der Anwendung der 3. Binomischen Formel zu profitieren.

$= \dfrac{1-i}{(1+i)(1-i)} + 1$

$= \dfrac{1-i}{1-i^2} + 1$

$= \dfrac{1-i}{1+1} + 1 \qquad$ da $i^2 = -1$

$= \dfrac{1-i}{2} + 1 = \dfrac{1}{2} - \dfrac{1}{2}i + 1 = 1{,}5 - 0{,}5i$

13.5

Zykelzerlegung und Signum

Es sei folgende Permutation
gegeben:

$$\begin{pmatrix} 2 & 3 & 4 & 5 & 6 \\ 4 & 2 & 3 & 6 & 5 \end{pmatrix}$$

<u>Zykelzerlegung:</u>

$$<2,4,3> \circ <5,6>$$

Umgangssprachliche Erklärung:

- „2 geht auf 4, 4 auf 3 und die 3 auf 2"

- „5 geht auf 6 und 6 wieder auf 5."

<u>Signum:</u>

$$\text{sgn}(\sigma) = (-1)^{\text{Anzahl der Fehlstände}}$$

<u>Fehlstände:</u>

(2,3), da $2 < 3$ (obere Zeile)
        aber $4 > 2$ (untere Zeile)

(2,4), da $2 < 4$ aber $4 > 3$

(5,6), da $5 < 6$ aber $6 > 5$

$\Rightarrow$ 3 Fehlstände

Das Signum beträgt also:

$$sgn(\sigma) = (-1)^3 = \underline{\underline{1}}$$

Zu diesen Zykelgeschichten gibt
es leider auch hochkomplexe
Beweise. Du kannst dir aber
mittlerweile sicherlich vorstellen,
dass ich diese nie wirklich
verstanden habe... ;-)

Für eine 4,0 war dies eben
auch nicht nötig.

13.6

Determinante einer 3x3-Matrix

<u>Trick</u>: Schreibe dir die ersten beiden Spalten einfach neben die Matrix!

<u>Beispielaufgabe</u>:

Berechne $\det(A)$, wobei A die Matrix $\begin{pmatrix} 1 & 1 & 3 \\ -1 & 1 & 1 \\ 1 & 1 & 1 \end{pmatrix}$ ist.

<u>Lösung</u>:

$$\det(A) = \det \left(\begin{pmatrix} 1 & 1 & 3 \\ -1 & 1 & 1 \\ 1 & 1 & 1 \end{pmatrix} \begin{matrix} 1 & 1 \\ -1 & 1 \\ 1 & 1 \end{matrix} \right)$$

$$= 1 \cdot 1 \cdot 1 + 1 \cdot 1 \cdot 1 + 3 \cdot (-1) \cdot 1$$
$$- (1 \cdot 1 \cdot 3 + 1 \cdot 1 \cdot 1 + 1 \cdot (-1) \cdot 1)$$

$$= -1 - (3)$$

$$\underline{\underline{= -4}}$$

$$(\det(A))^{-1} = \frac{1}{\det(A)} = -\frac{1}{4} = \det(A^{-1})$$

204

13.7

Charakteristisches Polynom, Eigenwerte, Primärunterräume

Sei $A = \begin{pmatrix} 1 & 1 & 1 \\ 0 & 1 & -2 \\ 0 & -2 & 1 \end{pmatrix}$ gegeben.

Charakteristisches Polynom:

$$\chi_f(A) = \det(A - \lambda \cdot E_3)$$

$$\Rightarrow \quad \begin{vmatrix} 1-\lambda & 1 & 1 \\ 0 & 1-\lambda & -2 \\ 0 & -2 & 1-\lambda \end{vmatrix} \begin{matrix} 1 & \lambda & 1 \\ 0 & 1-\lambda \\ 0 & -2 \end{matrix}$$

$$= (1-\lambda)^3 - ((-2)^2 (1-\lambda))$$

$$= (1-\lambda)^3 - (4 \cdot (1-\lambda))$$

$$= (1-\lambda)^3 - (4 - 4\lambda)$$

$$= \underline{(1-\lambda)^3 + 4\lambda - 4}$$

Eigenwerte:

Sollen die Eigenwerte bestimmt werden, so bedeutet dies im Prinzip nichts anderes, als dass die

Nullstellen des Charakteristischen
Polynoms bestimmt werden sollen.

Häufig müssen im Zusammenhang
mit solchen Aufgaben auch noch
Eigenvektoren, Eigenräume oder
Primärunterräume angegeben
werden. Darauf möchte ich
ehrlich gesagt nicht genauer
eingehen, weil ich dafür erst
einmal selbst einiges nachschlagen
müsste.
Zu den Primärunterräumen gibt
es allerdings einige winzige
Informationen, die dir einen
Berg Arbeit ersparen können.
Diese findest du auf der
folgenden Seite.

Primärunterräume:

In unserem Beispiel sähe ein Primärunterraum zum Eigenwert 1 von folgender Form aus:

$$P(A, 1) = \ker(A - 1 \cdot E_3)^r$$

$r \leq$ Wie oft kommt der Eigenwert 1 vor? <u>(algebraische Vielfachheit)</u>

<u>Geometrische Vielfachheit</u>
$\triangleq$ Dimension des Eigenraumes

<u>Es gilt</u>:

$1 \leq$ geom. Vielfachheit $\leq$ algeb. Vielfachheit

Aus geom. Vielfachheit $=$ algeb. Vielfachheit folgt Diagonalisierbarkeit.

An dieser Stelle Herzlichen Dank an Peter Mosch für diese Tipps!!!

13.8

Norm

Sollten schlichte Gleichungen bewiesen werden müssen, in denen eine Norm auftaucht, so muss häufig einfach nur die Definition der Norm angewendet und die einzelnen Bestandteile der Gleichung ein bisschen hin- und hergeschoben werden.

<u>Folgende Informationen solltest du kennen:</u>

$$\|z\| = \sqrt{\langle z, z \rangle}$$

$$\|z\|^2 = \sqrt{\langle z, z \rangle}^2 = \langle z, z \rangle$$

$$\|z+i\|^2 = \sqrt{\langle z+i, z+i \rangle}^2$$

$$= \langle z+i, z+i \rangle$$

$$= \langle z, z \rangle + \langle z, i \rangle + \langle i, z \rangle + \langle i, i \rangle$$

$$\|z-i\|^2 = \sqrt{\langle z-i, z-i \rangle}^2 = \langle z-i, z-i \rangle$$

$$= \langle z, z \rangle - \langle z, i \rangle - \langle i, z \rangle + \langle i, i \rangle$$

13.9

Inverse einer Matrix

Soll das Inverse einer Matrix bestimmt werden, so lautet das Ziel, am Ende des Vorganges die Einheitsmatrix „auf der anderen Seite" stehen zu haben.

<u>Beispielaufgabe:</u>
Inverse der Matrix

$$\begin{pmatrix} 1 & 0 & 1 \\ 2 & 1 & 0 \\ 1 & 1 & 0 \end{pmatrix} \quad \text{bestimmen.}$$

<u>1.Schritt:</u> Einheitsmatrix hinzuschreiben.

$$\left(\begin{array}{ccc|ccc} 1 & 0 & 1 & 1 & 0 & 0 \\ 2 & 1 & 0 & 0 & 1 & 0 \\ 1 & 1 & 0 & 0 & 0 & 1 \end{array}\right)$$

$z_2 = z_2 - 2z_1$
$z_3 = z_3 - z_1 \longrightarrow$
$$\left(\begin{array}{ccc|ccc} 1 & 0 & 1 & 1 & 0 & 0 \\ 0 & 1 & -2 & -2 & 1 & 0 \\ 0 & 1 & -1 & -1 & 0 & 1 \end{array}\right)$$

$z_3 = z_3 - z_2 \longrightarrow$
$$\left(\begin{array}{ccc|ccc} 1 & 0 & 1 & 1 & 0 & 0 \\ 0 & 1 & -2 & -2 & 1 & 0 \\ 0 & 0 & 1 & 1 & -1 & 1 \end{array}\right)$$

$$z_1 = z_1 - z_3$$
$$z_2 = z_2 + 2z_3 \longrightarrow \begin{pmatrix} 1 & 0 & 0 & | & 0 & 1 & -1 \\ 0 & 1 & 0 & | & 0 & -1 & 2 \\ 0 & 0 & 1 & | & 1 & -1 & 1 \end{pmatrix}$$

<u>Inverse lautet also:</u>

$$\begin{pmatrix} 0 & 1 & -1 \\ 0 & -1 & 2 \\ 1 & -1 & 1 \end{pmatrix}$$

Von fundamentaler Wichtigkeit
ist es wirklich, Schritt für
Schritt vorzugehen, um nicht
günstige Zeilen wieder zu
ungünstigen werden zu lassen.

13.10

Spezielle Matrizen

Vorweg kurz wenige Begrifflich-
keiten zum allgemeinen Aufbau
einer Matrix.

Es gilt **„Zeile vor Spalte"**

Bei einer $m \times n$-Matrix stellen
also m die Zeilen und n die
Spalten dar.

<u>Beispiel</u>:

$$A = \begin{pmatrix} a_{11} & a_{12} \\ a_{21} & a_{22} \end{pmatrix}$$

Zeilenindex   Spaltenindex

Der markierte Eintrag bedeutet
dementsprechend:

„Zeile 2, Spalte 1"

222

<u>Bedingungen / Definitionen:</u>

Orthogonale Matrix: $A \cdot A^T = E_n$

Dabei bezeichnet A^T die <u>transponierte</u> Matrix, also die Matrix, in der Zeilen und Spalten vertauscht wurden.

<u>Beispiel:</u>

$$A = \begin{pmatrix} 5 & 3 \\ 6 & 2 \end{pmatrix} \implies A^T = \begin{pmatrix} 5 & 6 \\ 3 & 2 \end{pmatrix}$$

Unitäre Matrix: $A \cdot \overline{A}^T = E_n$

Die unitäre Matrix ist sozusagen die „orthogonale Matrix im komplexen Zahlenraum".

Als $\overline{A}$ wird die <u>konjugierte</u> Matrix beschrieben.

<u>Beispiel für eine konjugierte Matrix:</u>

$$A = \begin{pmatrix} 5 & 2-i \\ -i & 3 \end{pmatrix} \implies \overline{A} = \begin{pmatrix} 5 & 2+i \\ i & 3 \end{pmatrix}$$

Aus „-" wird „+" und aus „+" wird „-"
(bzgl. Imaginärteil)

$\overline{A}^T = \overline{A^T}$ ist nun die

<u>adjungierte</u> Matrix. Im obigen
Beispiel müssen wir also noch
Zeilen und Spalten vertauschen.

$$\implies \overline{A}^T = \begin{pmatrix} 5 & -i \\ 2+i & 3 \end{pmatrix} = \overline{A^T}$$

Symmetrische Matrix: $A = A^T$

<u>Beispiel:</u> $A = \begin{pmatrix} 1 & 2 \\ 2 & 1 \end{pmatrix} = A^T$

Hermitesche Matrix: $\overline{A} = A^T$

„Symmetrische Matrix im Komplexen"

<u>Beispiel:</u>

$$A = \begin{pmatrix} 5 & -i \\ i & 6 \end{pmatrix} \implies \bar{A} = \begin{pmatrix} 5 & i \\ -i & 6 \end{pmatrix}$$

$$\implies A^T = \begin{pmatrix} 5 & i \\ -i & 6 \end{pmatrix} \Bigg\} = \checkmark$$

<u>Positiv definite Matrix:</u>

Gelingt es zu zeigen, dass <u>alle</u>
<u>Hauptminoren positiv</u> sind, so
ist die positive Definitheit
nachgewiesen.

Wie mache ich das?
$\rightarrow$ Determinanten bestimmen

<u>Beispielaufgabe:</u>

$$A = \begin{pmatrix} 3 & 1 & 1 \\ 1 & 3 & 1 \\ 1 & 1 & 3 \end{pmatrix}$$

$$\Delta_1 = |3| = \underline{1} > 0 \quad \checkmark$$

$$\Delta_2 = \begin{vmatrix} 3 & 1 \\ 1 & 3 \end{vmatrix} = 3 \cdot 3 - 1 \cdot 1 = \underline{8} > 0 \quad \checkmark$$

$$\Delta_3 = \begin{vmatrix} 3 & 1 & 1 \\ 1 & 3 & 1 \\ 1 & 1 & 3 \end{vmatrix} \begin{matrix} 3 & 1 \\ 1 & 3 \\ 1 & 1 \end{matrix}$$

$$= 27 + 1 + 1 - (3 + 3 + 3)$$

$$= 29 - 9 = \underline{20} > 0 \quad \checkmark$$

$\Rightarrow$ Sowohl Δ_1, Δ_2 als auch Δ_3 sind positiv.

Matrizenaufgaben sind klassische 4,0er-Aufgaben. Du solltest dir diese also unbedingt anschauen.

Kapitel 14:
Zusammenfassung

Ich möchte zum Abschluss noch einmal die meiner Ansicht nach zentralsten Punkte herausstellen.

Erst einmal: Wenn mich jemand fragt, was man benötigt, um das Mathestudium zu schaffen und er dabei eine so kurze Antwort wie möglich möchte, dann sind das meines Erachtens die folgenden beiden Aspekte:

1.) Eine ausreichendes Maß an sozialer Kompetenz oder die Bereitschaft, an seiner sozialen Kompetenz zu arbeiten. (im besten Fall natürlich beides)

2.) Eine starke Willenskraft oder die Bereitschaft an seiner Willenskraft und Lerneinstellung zu arbeiten. (auch hier: im besten Fall beides)

Du siehst: Du kannst das Mathestudium problemlos durch Faktoren packen, die ausschließlich innerhalb deines Beeinflussungsbereiches liegen. Also keine Ausreden, falls du es wirklich schaffen möchtest!

Meine persönliche Formel im Mathestudium ist übrigens die folgende:

Gegebenenfalls Fleiß und Kreativität auch mal beim Abschreiben der ein oder anderen Übungszettelaufgabe (Sicherung der Bonuspunkte)

+ Extremer Fleiß innerhalb der unmittelbaren Klausurvorbereitung

+ hervorragende Lerngruppe

+ Freude, soziale Kompetenz und Menschlichkeit

= Bachelor in Mathematik

Kapitel 15:
Was ich dir abschließend noch mit auf den Weg geben möchte

Auch auf die Wahrscheinlichkeit hin, dass ich mich wiederhole, hier noch einige Dinge, die ich für fundamental halte.

1.) Arbeite mit letzter Entschlossenheit für die Erfüllung deiner Ziele, aber vergiss nicht zu leben und auf deine Gesundheit zu achten!

Beispiele:

- 3 Stunden lernen, 2 Stunden Zeit für „schönes" (Pause) und dann nochmal 3 Stunden lernen ist wesentlich effektiver als 8-stündiges Lernen ohne Pause.

- Was tun, wenn ich monatelang durchpauken musste und schon platt bin, mich vor allem psychisch völlig ausgelaugt und leer fühle, bevor das neue Semester überhaupt wieder losgeht? Fange nicht! direkt wieder an zu lernen, sondern fahre erst einmal eine Woche in den Urlaub oder mache etwas anderes, um dich zu entspannen und den Kopf wieder freizubekommen. Verheize dich also bitte nicht!

2.) Behalte immer das langfristige Ziel im Auge!

Das ist genau das, was den Abbrechern, die es später bereut haben, fehlte. Sie haben an das kurzfristige Glück gedacht, dem Stress zu entkommen, weil alles doch so schwierig, so unnötig, wenig spaßig oder was auch immer sei und sind dadurch von ihrem Ziel abgekommen. Sie haben nicht daran gedacht, dass sie damit auch das Ziel aufgeben, später zum Beispiel etwa 40 Jahre lang ihren persönlichen Traumberuf Lehrer auszuüben.

Wenn du ein Ziel hast, welches dir wirklich wichtig ist, dann wirst du jenes aber in den allerallerseltensten Fällen ohne irgendwelche

Hürden und Momente, die dir gerade nicht so viel Spaß bereiten, erreichen.

Falls du einen Führerschein hast, denke einmal an die praktische Führerscheinprüfung. Du wirst bestimmt keine sonderlich große Lust auf die Prüfung gehabt haben. Das kurzfristige Glück wäre es also gewesen, die Prüfung nicht zu machen. Damit hättest du dir etwa 30-45 Minuten in einer vielleicht unangenehmen Situation erspart, dir dafür aber schätzungsweise 50 Jahre, in welchen du dann hättest Auto fahren können, verbaut.

3. Führe dein eigenes Leben!

In unserer Gesellschaft führen viele Menschen in meinen Augen kein sonderlich selbstbestimmtes Leben. Viele machen etwas, was andere sagen oder von dem sie wissen, dass es bei anderen gut ankommt. Extrem wichtig ist, dass du immer dein Ding durchziehst! Verstehe mich nicht falsch, du sollst dich nicht rücksichtslos egoistisch verhalten. Aber du sollst eben das Leben führen, dass dich persönlich glücklich macht.

Warum meinst du, sind viele Leute mit ihrem Job unzufrieden? Hauptsächlich weil sie entweder noch nicht den Beruf gefunden haben, der sie wirklich glücklich macht oder aber sie wissen durchaus, was sie glücklich macht, hatten aber nicht den Mut, ihren eigenen Weg zu gehen.

Es gibt natürlich auch Ausnahmen, wie etwa in dem Fall, dass eine Person lieber einen anderen Job ausüben würde, dies aber nicht so einfach umsetzen kann, weil das Gehalt dann nicht mehr ausreichte, um seine Familie zu ernähren.

Ich denke aber, du hast das Prinzip nachvollziehen können und das ist es, worum es mir geht.

Stell dir einmal folgende Situation vor: Du hast ein Abi von 1,0, dein Vater ist Arzt und möchte, dass du auch Arzt wirst. Du interessierst dich aber überhaupt nicht für Medizin und auf studieren hast du einfach keine Lust. Du möchtest lieber einen Beruf ausüben, für den noch nicht einmal das Abi Voraussetzung gewesen wäre. Dann kann ich dir nur wärmstens empfehlen, diesen Beruf auch zu wählen. Das dich in dem Fall ein Medizinstudium nicht glücklich machen wird, liegt nun einmal auf der Hand...

Das bedeutet natürlich nicht, dass du dir keine Ratschläge anderer Menschen anhören solltest, aber schlussendlich kannst nur du wissen, was dich glücklich macht. Nimm also das Zepter für dein eigenes Leben in die Hand!

Solltest du jemals versuchen, es ALLEN recht-machen zu wollen, dann wird dies

1. sowieso scheitern, da es Milliarden Menschen auf dieser Erde gibt.

und

2. dazu führen, dass du von deinem persönlichen Weg abkommst, den du dir zu gehen wünschst.

Achja: Lass dich bitte erst recht nicht von irgendwelchen angeblichen gesellschaftlichen Zwängen vom Weg abbringen. In meinem Steckbrief findest du die Tatsache, dass es mein sportlicher Traum ist, einmal bei den Ironman-Weltmeisterschaften auf Hawaii an den Start gehen zu dürfen. Um dieses Ziel zu erreichen, trinke ich zum Beispiel keinen Alkohol. Da gibt es auch immer wieder Leute, die meinen, das nicht respektieren zu müssen.

So etwas muss einem aber auf jeden Fall egal sein. Ich freue mich jedenfalls schon auf den Moment, in dem ich irgendwann mit meinem Rose-Rennrad aus meiner Heimat durch die Lava-Landschaft Hawaiis fahre und irre stolz sein werde, dass mich solche Leute nicht vom Weg abbringen konnten.

Und falls ich es aus welchen Gründen auch immer nicht schaffen sollte, bin ich wenigstens meinen eigenen Weg gegangen. Habe also stets genug Selbstvertrauen, dein eigenes Ding durchzuziehen, denn nur dann wirst du allzeit mit dir im Reinen sein.

Und zu guter Letzt: Vergiss bei allem, was du tust, niemals die Freude und suche immer nach einem Weg, auch in weniger schöne Situationen Spaß einzubringen. Laufe niemals mit einem Gesicht herum wie sieben Tage Regen, sondern schenke deinen Mitmenschen ein Lächeln und du wirst es zurückbekommen. Sei eine Frohnatur!

PS: Behalte bitte folgendes im Hinterkopf: Auf welche Dinge wirst du in deinem Leben am meisten stolz sein? Auf die Dinge, die dir am stärksten am Herzen liegen und für welche du gleichzeitig am härtesten arbeiten musstest.

Kapitel 16:
Literaturverzeichnis

Guten-Morgen-Gazette. blueprints. *Die Komfort-zone erweitern mit dem 3 Sektoren-Modell.* Zugriff am 1. Januar 2017 unter http://www.blueprints.de/selbstwert/komfort zone-erweitern.html

Verantwortlich für den Inhalt nach §55 Abs.2 RStV:

Michael Behn (Stand 1. Januar 2017)

Fotoquellen:

Titelseite:

Fotograf: Adam Peter Sowa, aufgenommen 2017 in Bochum

Radfahren (S. 8):

Fotograf: Sportograf, aufgenommen im Oktober 2016 beim Münsterland Giro

Sportograf GmbH Co KG

Dennewartstraße 25-27

52068 Aachen

RUB-Cup 2014 (S. 67):

Fotograf: Allgemeiner Studierendenausschuss der Ruhr-Universität Bochum, aufgenommen im Juni 2014 auf der Platzanlage des SV Bochum-Steinkuhl 1927

Marcel Freisheim (S. 245):

Fotograf: Ansgar Scholten, aufgenommen 2014 in Madrid

Peter Sosna (S. 246):

Fotograf: Peter Sosna, aufgenommen 2016 in Wuppertal

Jonas Friedrich (S. 247):

Fotograf: Jonas Friedrich, aufgenommen 2016 in Biemenhorst

Daniel Stahl (S. 248):

Fotograf: Carina Krasenbrink, aufgenommen 2016 in Bocholt

Weiterführende Literatur:

Eine weitere Quelle, der ich zwar nichts direkt (im Sinne von zitierend) entnommen habe, welche aber definitiv einen Einfluss darauf hatte, dieses Buch schreiben zu können, ist das „Onlinetutorium", dessen Videos mir gerade zu meiner Linearen Algebra und Geometrie - Zeit sehr weitergeholfen haben.

Onlinetutorium e.V. (2017).

Letzter Zugriff am 6. Januar 2017 unter http://www.onlinetutorium.com/index.php

Verantwortlich i.S.v. § 6 Ziff.1 TDG:

Onlinetutorium e.V., Cimbernstraße 13c, 14129 Berlin

Personen, die in dem Buch nicht fehlen sollten (wollten)

Marcel Freisheim

Peter Sosna

Jonas Friedrich

Daniel Stahl

Danksagung

Würde ich an dieser Stelle jede Person einzeln aufzählen, die in irgendeiner Form dazu beigetragen hat, dieses Buch schreiben und veröffentlichen zu können, so wäre ich wohl für den Rest meines Lebens beschäftigt.

Auch tue ich mich prinzipiell schwer damit, einzelne Namen zu nennen, denn schließlich vergisst man in solch einem Fall sowieso den ein oder anderen, den man hinterher noch gerne hinzugefügt hätte. Deshalb werde ich es recht allgemein halten.

Zuerst einmal danke ich in alles übertreffendem Maße meiner Familie, die mich immer unterstützt hat und auch weiterhin unterstützen wird. Meiner Schwester Andrea, meinem Bruder Stefan, meinen Eltern, meinen Großeltern, einfach allen, die dazugehören!

Dann natürlich meiner Lerngruppe „Flenners Enkel", die ich ebenfalls tief in mein Herz geschlossen habe. Neco, du hattest ja erzählt, dass sich dein ehemaliger Mathelehrer noch heute regelmäßig mit seiner damaligen Truppe zum Karten spielen trifft: Ich bin sehr zuversichtlich, dass es bei uns auf etwas Ähnliches hinauslaufen wird.

Maurice Schöpe, meine mathematische Lebensversicherung aus unmittelbarer Nachbarschaft, du hast mir bis jetzt wohl die meisten (Bonus-) Punkte eingebracht - Herzlichen Dank!

Vera (Nachname fällt mir gerade nicht ein...), die in der Linearen Algebra quasi die Privatnachhilfelehrerin unserer Flenners Enkel-Gruppe war: Meinen allerbesten Dank!

Johannes Nowack, der mich freitags immer wieder mit dem Auto zurück in meine Heimat gefahren hat: Das waren allzeit amüsante Fahrten, deutlich angenehmer, als den Zug zu nutzen. Danke!

Habe ich aber doch den Zug nehmen müssen, wurde die Zugfahrt einige Male dadurch erleichtert, dass Timo Hogenkamp mitgefahren ist, mit dem eine Zugfahrt niemals langweilig wird. Danke dir!

Robin Merchel, mit dem ich jährlich die Relegationsspiele zur 1. Fußball-Bundesliga (also vorzugsweise den HSV) verfolgt habe: Dir habe ich ebenfalls sehr, sehr viel zu verdanken. Vielen Dank für deine Hilfe!

Dann gibt es natürlich auch noch den ganzen lästigen Papierkram: Hier danke ich vor allem Walter Bollwerk, der mich in steuerrechtlichen Fragen beraten hat.

Achja, diese nervige Grammatik hat mich an einigen Stellen selbstverständlich auch ins Grübeln gebracht. In diesem Zusammenhang habe ich mir einige Kleinigkeiten von Severin Rüger erklären lassen, der aufgrund seiner journalistischen Tätigkeit alle Lösungen zu meinen Fragen parat hatte. Meinen Dank!

Den Jubelschrei schon auf den Lippen, weil das Werk endgültig fertig ist, treibt einen auf der Zielgeraden die spezielle ebook-Formatierung in den Wahnsinn (bevor ich den Hamburger Verlag gefunden hatte, musste ich mich als Autor um diese Sache selbst kümmern). Ohne die Hilfe der beiden Experten Sabine Römer und Ralf Otto lägen noch einige schlaflose Nächte mehr hinter mir. Vielen Dank für die herausragende Unterstützung!

Nicht zu vergessen bleibt Marco Eckers, der mich erst auf verschiedenste Möglichkeiten, ein Buch veröffentlichen zu können, aufmerksam gemacht hat. Auch dir danke ich sehr!

Um zu einem Abschluss zu kommen, danke ich nun noch einmal **aufs Herzlichste einfach allen**, ohne die dieses Buch gar nicht möglich gewesen wäre. Seien es Personen, die mir etwas mit einer Engelsruhe gefühlt auch tausendmal erklärt haben. Personen, die mir eine Abwechslung verschafften oder aus welchen Gründen auch immer einen Einfluss darauf hatten, dieses Buch Mosaiksteinchen für Mosaiksteinchen zusammensetzen zu können. Herzlichen Dank!

„What are you waiting for?"
- Worauf wartest du?

Die obige Frage hat mich bei der Fertigstellung des Buches extrem inspiriert. Sie stammt aus dem gleichnamigen Lied der Band Nickelback. Ich muss zugeben, dass ich dir kein einziges Mitglied dieser Band nennen könnte und mir abgesehen von diesem Song auch kein weiteres Lied einfiele, aber dieses ist definitiv genial. Solltest du jemals Motivationsschwierigkeiten haben, höre dir diesen Song an und lies die Lyrics dazu.

Das Schreiben eines Buches ist sehr zeitaufwändig und die vielen lästigen Formalitäten haben ein herausragendes Potential, einem den letzten Nerv zu rauben. Wann immer ich gerade keine Lust mehr darauf hatte, konnte mich dieses Lied zum Aufraffen bewegen, um meinen Traum vom eigenen gedruckten Buch wahr werden zu lassen.

Egal, was du in deinem Leben vorhast. Egal, wie realistisch oder eher unrealistisch dein Ziel ist.

Sei es der Abschluss eines erfolgreichen Mathestudiums.

Sei es der Traum von der Teilnahme an den Olympischen Spielen.

Sei es ein bestimmter Berufswunsch.

Oder der Traum von vielen verkauften Büchern... ;-)

Höre niemals auf, an deine Ziele und Träume zu glauben und für diese zu arbeiten!

Also, verschwende keine Zeit und nimm dein Leben JETZT in die Hand.

„What are you waiting for?"

FSC
www.fsc.org

MIX

Papier | Fördert
gute Waldnutzung

FSC® C083411

Zeitfracht Medien GmbH
Ferdinand-Jühlke-Straße 7
99095 Erfurt, Deutschland
produktsicherheit@kolibri360.de